Heinz Schieke

Politiker reden
Bürger sind sprachlos

Heinz Schieke

Politiker reden Bürger sind sprachlos

Das unmögliche Wörterbuch

Mit Zeichnungen von Rudolf Angerer

Wirtschaftsverlag Langen-Müller/Herbig

Schutzumschlag: Rudolf Angerer, Wien
Druck: Jos. C. Huber KG, Dießen
Binden: Thomas Buchbinderei
Printed in Germany
ISBN: 3-7844-7234-6

Inhaltsverzeichnis

Vorwort

Diese »Lüsternen Lästerungen« über das Polit-, Partei- und Behördenchinesisch unserer Tage, hüben und drüben (in beiden deutschen Staaten – BRD und DDR also), kommen nicht von ungefähr. Denn das, was hier mit loser Zunge ohne tierischen Ernst persifliert wird, ist mehr oder weniger der Niederschlag von Gesprächen mit Menschen wie du und ich, vielleicht etwas gefärbt durch viele Begegnungen des Verfassers mit gestandenen Männern des Reviers und sogenannten »Werktätigen« drüben, die dank ihrer unverbildeten Urteilskraft dem Sprachchinesisch der Politiker, Funktionäre, Apparatschiks, Bürokraten, Politologen, Soziologen, Pädagogen und Psychologen zunehmend mißtrauen. Aber nicht nur sie, sondern die Mehrheit der Bürger, die nicht zufällig Politiker, Funktionäre, Ministeriale oder Erfinder immer neuer und immer unverständlicherer Wortungetüme sind, beklagen, daß sie die Sprache der Politiker, Funktionäre und Bürokraten nicht verstehen, noch weniger die Formulierungen in Gesetzen, Verordnungen und sonstigen Rechtsvorschriften.

Es wäre jedoch unlauter zu sagen, daß nicht auch höheren Orts, so jedenfalls in der Bundesrepublik, diese Misere erkannt worden wäre. So hat beispielsweise der frühere Bundeskanzler Schmidt durch seine kritischen Äußerungen dazu beigetragen, daß künftig Gasrechnungen für den zahlenden Konsumenten lesbar werden. Aber reicht das? Die Gesetze und Verordnungen werden deshalb nicht lesbarer, und Volkskammer (drüben) und Bundestag und Länderparlamente (hüben) befleißigen sich nach wie vor einer Gesetzessprache, die nur noch Fachleute (Spötter sprechen von »Fachidioten«) deuten können; abgesehen davon blüht die Gesetzesinflation trotz gegenteiliger Versicherungen von Ministern und Politikern munter weiter.

Insofern befinden sich beide deutsche Staaten in trauter Eintracht, nur daß es drüben zügiger geht, weil – wie im 1000jährigen Reich Hitlers – nur eine Partei das Sagen hat. Opposition und Demonstrationen sind unbekannt, ebenso Sitzblockaden amtierender, unabsetzbarer und vom Staat hoch alimentierter Richter.

Und seitdem die Qualität eines Parlaments (drüben Volkskammer genannt) unglückseligerweise an der Vielzahl produzierter Gesetze gemessen wird und nicht an der Abschaffung unnützer und überflüssiger gesetzlicher Vorschriften, sind sie auch danach. Die Bürger, für die die Gesetze gedacht sind, verstehen sie nicht, die sogenannten Volksvertreter, die sie beschließen, immer seltener. Ihnen genügt es in der Regel, daß die in den Ausschüssen tätigen Sachverständigen die Sache abgesegnet haben. Der Fraktionszwang tut sein übriges. Beispiel: Ein früherer Finanzminister der Bundesrepublik hat – was ihn ehrt – bekannt, angesichts der nicht mehr zu übersehenden Zahl sowie der Unverständlichkeit von Gesetzen und Rechtsvorschriften nicht mehr in der Lage zu sein, seine Steuererklärung abzugeben. Der steuerzahlende Bürger aber, der sich nicht kostenlos eines steuerkundigen Ministerialen bedienen kann, muß Steuerberater beschäftigen und bezahlen.

Nun sollte daraus niemand folgern, Gesetze seien unnötig. Aber müssen es derer so viele und müssen sie so unverständlich sein? Ist es wirklich von Nutzen, wenn Gesetze, Verordnungen, Vorschriften, Erlasse usw. nur eines Jahres (Papier ist schwer) schon vom Gewicht her (in Kilogrammen versteht sich) nicht mehr tragbar sind? Wenn es schon Ministern und Spitzenpolitikern – hier sind insbesondere die weit über 100 Minister des Bundes und der Länder der Bundesrepublik gemeint (d. h. alle 3 km 1 Minister von Helmstedt bis Bonn) – gestattet sein muß, nicht ständig mit dem Grundgesetz unterm Arm herumzulaufen, sollte dies auch dem steuerzahlenden Bürger im Hinblick auf die angeblich zu seinem Nutz und Frommen erlassenen Gesetze und Verordnungen erlaubt sein. Hierfür spricht auch, daß das Grundgesetz mit seinen 146 Artikeln keine Gewichtsprobleme mit sich bringt, die vom Normalbürger zu beachtenden Vorschriften aber inzwischen von Gewicht und Umfang her weder unterm Arm noch auf dem Rücken getragen werden können. Der Vorschlag, den Wust von Gesetzen, Verordnungen, Erlassen usw. auf Selbstfahrlafetten zu montieren (möglichst mit Innenbeleuchtung, damit der von Alpträumen heimgesuchte Bürger auch nachts den Segnungen der Gesetze nachspüren kann), ist sicher einer ernsthaften Betrachtung wert. Vielleicht könnte hierfür das Forschungsministerium und im Hinblick darauf, daß Selbstfahrlafetten nur im militärischen Bereich Verwendung finden, auch das Verteidigungsministerium eingeschaltet werden, um einer möglichen Zweckentfremdung der motorisierten mobilen Artillerie vorzubeugen. Ob und inwieweit insofern die sozialistische Verfassung der DDR andere Perspektiven eröffnet, ist schwer zu sagen, zumal dort der Ordenssegen (quantitativ gesehen) Ausmaße angenommen hat, von denen ordenssüchtige Westdeutsche nur träumen können.

Was nun schließlich die Formulierungskünste unserer Politiker, Apparatschiks, Funktionäre und Bürokraten angeht, werden die Bürger, wenn es so weitergeht, nicht umhin können, ständig mit einem Wörterbuch und Abkürzungsverzeichnis unterm Arm herumzulaufen, um Sinn und Unsinn der geistigen Ergüsse derjenigen zu verstehen, die sich als politische Redner, Autoren, Gesetzesmacher und Verordnungsgeber uneigennützig und in unser aller Interesse zum Wohle des Vaterlandes verzehren. Die Sache hat nur einen Haken: Ein solches Wörterbuch gibt es noch nicht. Der hier mit diesem »Wörterbuch« unternommene, schüchterne Versuch dürfte bei der Formulierungsgabe unserer Politoberen, Funktionäre und Bürokraten kaum reichen, zumindest müßte es ständig ergänzt, aktualisiert und auf den neuesten Stand gebracht werden. Eine Loseblattausgabe, wie heute schon bei Gesetzessammlungen und Kommentaren die Regel, wäre eine Lösung. Auf diese Weise kämen wir einem schwedischen Vorbild nahe. So sind nämlich, einer Reuter-Meldung zufolge, die Schweden dabei, ihren Bürgern ein besonderes Wörterbuch mit 50 000 Begriffen auszuhändigen, um sie in die Lage zu versetzen, die Bürokratensprache der Behörden zu verstehen (Frankfurter Allgemeine Zeitung vom 27.6.1979: »Schweden wünschen Wörterbuch für Sprache der Bürokraten«).

Nun ließe sich ein derart aufwendiges und kostspieliges Unterfangen sicher vermeiden, wenn sich die Verantwortlichen einer verständlichen Sprache bedienten. Aber das ist und bleibt wohl, nicht nur in Schweden, ein frommer Wunsch. Wo kämen wir schließlich hin, wenn jeder alles verstehen würde, was uns da täglich von hoher Warte an beglückenden Weisheiten und traurigen Wahrheiten gesagt und verordnet wird. Der Mensch lebt von der Hoffnung, und viele unter uns bewältigen dieses Leben nur, wenn sie diese Hoffnung mit einem Schuß Heiterkeit verklären. Daß hierzu nicht nur die vielen Merkwürdigkeiten und Ungereimtheiten unseres politischen Alltags beitragen mögen, sondern uns auch das sprachchinesische Allerlei unserer »Politokraten« gelegentlich ein wenig lächeln läßt, ist ein versöhnlicher Gedanke.

Ganz in diesem Sinne sind diese »Lüsternen Lästerungen« gemeint, kein »erhobener Zeigefinger« also, aber doch verbunden mit der hintergründigen, um nicht zu sagen listigen Frage, ob es denn unbedingt nötig ist, weiterhin so unverständlich zu reden und zu schreiben wie bisher. Daß dies hüben und drüben geschieht, wer könnte es leugnen. Vielleicht ein weiteres Zeichen unverlierbarer Gemeinsamkeit trotz äußerer Trennung in zwei deutsche Staaten?

A. *Nicht ganz ernst gemeinte Erläuterungsversuche zu gängigen Begriffen des Partei-, Polit- und Behördenchinesisch hüben und drüben*

Abfedern, ausloten, flankierende Maßnahmen und Frühverrentung

Vor allem Sozialpolitiker in der Bundesrepublik, angeheizt durch Ergüsse kluger Soziologen und Politologen, befleißigen sich häufig einer Sprache, die nur noch Parlamentarier und einschlägige Funktionäre begreifen können. Der Normalbürger weiß damit kaum etwas anzufangen. Was soll er beispielsweise davon halten, wenn ein hoher Politiker davon spricht, es müsse »ausgelotet« werden, ob angesichts der bestehenden Arbeitslosigkeit nicht die Lebensarbeitszeit verkürzt, die schulische Ausbildung verlängert und eine »Frühverrentung« ins Auge gefaßt werden sollten, vorausgesetzt, daß all dies im Interesse der sozialen Symmetrie durch geeignete »flankierende Maßnahmen« optimal (optimal ist immer gut) »abgefedert« werde.

Wer das auf gut deutsch zu sagen wagt, ist natürlich arm dran. Er müßte bekennen:

1. Wir können die Arbeitslosigkeit nicht in den Griff bekommen.
2. Wer Arbeitnehmer schon mit 55 »in die Rente« schickt und den Nachwuchs durch Verlängerung der Schulausbildung erst viel später in das Erwerbsleben eingliedert, gewinnt zwar Arbeitsplätze, nur bleibt offen, wie die Renten der »Frühverrenteten« finanziert werden sollen.

Niemand wird bezweifeln, daß eine Herabsetzung des Rentenalters unter gleichzeitiger zeitlicher Ausdehnung der Schulausbildung das Arbeitsplatzangebot erhöht. Nur bleibt die Frage, wer dies alles bezahlt, unbeantwortet! Man schickt »55jährige« in die Rente und erst »20jährige« in das Erwerbsleben, und damit ist alles gelaufen. Wer glaubt schon, daß dies geht? Wahrscheinlich nur Politiker kurz vor Wahlen. Und nach den Wahlen? Da bleibt nur die Einsetzung sogenannter »Ad-hoc-Ausschüsse«. Damit wird neue Hoffnung geweckt, weil der Normalbürger meint, mit »ad hoc« sei eine rasche, kurzfristige Erledigung und Lösung gemeint. Wer denkt schon darüber nach, daß »ad hoc« keineswegs rasch, unverzüglich, eilbedürftig, sondern schlicht »sachverständig« bedeutet. Und auch mit Sachverstand allein lassen sich in der Regel leere Versprechungen und utopische Vorstellungen nicht lösen. Da müssen harte politische Entscheidungen getroffen werden. Aber wer kann dies schon? Schließlich müssen die nächsten Wahlen (und davon gibt es ja genug: Bundestag, Landtag, Kreistag usw.) mit immer neuen Versprechungen gewonnen werden.

Absichtserklärung

Zu sagen, was beabsichtigt ist, ist – so sollte man meinen – eine Absichtserklärung. Nicht so bei den Politikern in der Bundesrepublik: Wenn Politiker von Absichtserklärungen sprechen, so sind damit in der Regel unseriöse, nicht ernst gemeinte, irreführende und unhaltbare Aussagen politischer Gegner gemeint. Im privaten Bereich sieht das ganz anders aus: Erklärt Herr X, demnächst Fräulein Y zu ehelichen (= Absichtserklärung), wird vernünftigerweise niemand auf die Idee kommen, dies sei nur ein Vorwand dafür, nicht die Absicht zu haben, in den heiligen Stand der Ehe treten zu wollen. Schwiegermütter frohlocken (vorausgesetzt, daß er der »Richtige« ist) und registrieren beglückt, »er hat sich erklärt«. Bei Politprofis ist das anders, sie legen »Absichtserklärungen« als »nicht ernst gemeinte Willenserklärungen« des politischen Gegners aus, die zu nichts verpflichten und ausschließlich dazu dienen, das Wahlvolk hinters Licht zu führen.

Administration

Ein Begriff, der schlicht Verwaltung, Behörde bedeutet, findet immer häufiger Eingang in den Sprachschatz bundesrepublikanischer Parlamentarier, deren größter Teil (neueste Erhebungen sprechen von 2/3) sich aus Beamten oder »Bediensteten« der öffentlichen Verwaltungen zusammensetzt. Eine wirkliche Vertretung des Volkes aus den verschiedenen Berufen und gesellschaftlichen Gruppen, auch was den Anteil des »schwachen Geschlechts« angeht, findet bekanntlich nicht statt. Um so verwunderlicher, daß die im Parlament überrepräsentierten Staats- und Kommunalbediensteten (sie haben während ihrer Parlamentszugehörigkeit »Urlaub auf Ehrenwort« unter Aufrechterhaltung aller Rechte einschließlich Beförderungen und Höherstufungen) vieles, was den Bürger stört, auf Säumnisse oder Fehler der sogenannten »Administration« abschieben. Verwunderlich deshalb, weil sie damit zur »Beschmutzung des eigenen Nestes«, jedenfalls in bezug auf ihre frühere Tätigkeit in der öffentlichen Verwaltung, beitragen. Aber auch insofern denken unsere Parlamentarier weiter. Sie wissen, daß sich der vielgerühmte »mündige Bürger« unter »Administration« nichts vorstellen kann. Somit läßt sich trefflich darauf einprügeln, und man schafft sich auf diese Weise ein Alibi für eigenes Fehlverhalten in den gesetzgebenden Körperschaften. Daß die von ihnen mit zu verantwortenden Gesetze den Bürger und Steuerzahler schon wegen der Vielzahl (von der mangelnden Qualität ganz zu schweigen) in immer größere Verwirrung stürzen, ficht sie nicht an. Darüber »schweigt des Sängers Höflichkeit«. Ein zusätzlicher Effekt ist eingeplant:
Der Mann auf der Straße sagt sich, was ist das für ein »toller Kerl«, der administratives Fehlverhalten geißelt und sogar weiß, was das ist. Ob er's wirklich weiß? Oder nur sein in Politdeutsch vorgebildeter Assistent? Und wer denkt schon daran, daß der von allen beklagte Bürokratismus durch Gesetze vorprogrammiert ist, die von denjenigen erlassen worden sind, die sich nicht scheuen, die »Administration« wegen der Ausführung dieser Gesetze zu verteufeln? So wird der kleine Beamte zum Prügelknaben der Nation. Wer glaubt ihm schon, daß er nur das ausführt, was die hohen Politiker ausgeheckt haben, die sich in den Parlamenten steuerfreie Bezüge zuschustern, von denen selbst schlitzohrige Steuerzahler nur träumen können?

Aktivist, Held der Arbeit, Meisterbauer, Meister des Sports, Erntekapitän

Diese in der DDR höheren Orts erfundenen Bezeichnungen (und Auszeichnungen) für Männer und Frauen, die sich besondere Verdienste um die Festigung des Arbeiter- und Bauernstaates erworben haben, ergänzen in sinnvoller Weise den Ordenssegen, der sich über Genossen dieses Formats zu ergießen pflegt. Denn mittlerweile haben diese sich zum Wohle des sozialistischen Vaterlandes verzehrenden Genossen so viele Orden angesammelt, daß sie auf der stolzgeschwellten Brust nicht mehr unterzubringen sind. Vergleiche zu den Genossen im Bruderland UdSSR drängen sich auf. Da sieht man stattliche und übergewichtige Uniformträger der 1. Güteklasse (Generäle zuhauf), die sich vor lauter Ordensschmuck kaum noch vorwärtsbewegen können und zur Rechtslastigkeit (rein physisch gemeint) neigen.
Auf DDR-Verhältnisse reduziert, fragt sich natürlich der sogenannte »Westler«, was denn diese als Aktivisten, Helden usw. bezeichneten Brüder und Schwestern drüben »verbrochen« bzw. geleistet haben, daß sie mit diesen attraktiven Titeln beglückt worden sind. Die Motive sind klar: Ehre statt Konsum. Und die Inhalte? Bundesbürger, die drüben waren, wissen Bescheid:

* Aktivisten sind »Werktätige«, die sich um den sozialistischen Aufbau der DDR (was das ist, bestimmt die SED) verdient gemacht haben.
* Helden der Arbeit sind Genossen, die sich insbesondere auf wirtschaftlichen oder wissenschaftlich-technischen Gebieten ausgezeichnet haben.
* Meisterbauer sind Genossen, die sich um die landwirtschaftliche Produktion besonders verdient gemacht haben.
* Meister des Sports sind Hochleistungssportler, die Weltrekorde erzielen und Olympiamedaillen gewinnen.
* Erntekapitäne sind Führer einer sogenannten Erntekombine, nicht zu verwechseln mit Konkubine, was nach sozialistischen Vorstellungen nicht sein darf und es daher auch angeblich nicht gibt. So handelt es sich bei diesen Kombinen lediglich um den zentral gelenkten Einsatz großer Erntemaschinen, der vom sogenannten »Erntekapitän« gesteuert wird.

Nun wäre es ungerecht, diesen Irrsinn an Auszeichnungen, Titeln und Orden allein auf die DDR zu projizieren. In der Bundesrepublik ist es ja im Grunde nicht anders. Nur die Etiketten unterscheiden sich. Da werden hohe Gewerkschaftsfunktionäre und Politiker zu hochbezahlten Aufsichtsratsmitgliedern, Handwerksmeister und Großbauern zu Präsidenten und die so hoch Geehrten, häufig noch zusätzlich mit Ehrendoktorwürden (manche mögen es mit »Dr. h. c.«, andere lieber mit »Dr. e. h.«) bedacht. Plötzlich sind sie Doktoren, Präsidenten, Ehrenvorsitzende, Ehrensenatoren usw. usw. Ist das nicht schön? So haben wir doch wenigstens auf dem Gebiet von Auszeichnungen und Orden im Prinzip die »Einheit der Nation« gewahrt.

Anreißen

Läßt sich bei etwas gutem Willen mit »andeuten« übersetzen. Wenn Funktionäre aller Schattierungen über etwas sprechen müssen, wovon sie nichts oder wenig verstehen, pflegen sie ihre Unwissenheit, was kein Vorwurf ist, mit der Redewendung zu überdecken, aus Zeitgründen die Problematik nur »anreißen« zu können. Was dann folgt, sind Allgemeinplätze und nichtssagende Redewendungen.

Von diesem »Anreißen« ist streng zu trennen das sogenannte »Aufreißen«, ein Begriff, der der jüngeren Generation vorbehalten ist und soviel bedeutet, daß ein Mädchen für sexuelles Wohlverhalten »aufbereitet« werden soll. Hier wird deutlich, wie nur eine Silbe in unserem modernen Sprachgebrauch zu sehr verschiedenen Aussagen führen kann, wobei dahingestellt bleiben mag, wer was im Grunde lieber täte. »Anreißen« ist gut bei politisch nichtssagenden Einführungsreden, »Aufreißen« eine progressive Hinwendung zur Vorbereitung des »außerehelichen« Beischlafs. Wenn hohe Politiker sowie Künstler, Filmschauspieler und Millionäre in zunehmendem Maße ihre Partner wechseln (Nomina sunt odiosa*), stellen sich noch ganz andere Fragen. Aber »das ist ein weites Feld«. Schließlich sind auch Politprofis Menschen, wenngleich sie es manchmal nicht wahrhaben wollen. Und ein hohes politisches Amt verpflichtet nun einmal zum Umdenken in vielen Bereichen, weshalb eigentlich nicht auch in bezug auf eine frühere Partnerwahl?

Nun: Der Mensch wächst mit seinen höheren Zielen und seinen Ämtern. Das müssen gelegentlich auch Ehefrauen von hohen Politikern erfahren. Aber, so ist zu fragen, bestehen nicht Unterschiede zwischen Künstlern und Filmschauspielern, die berufsbedingt vielen Versuchungen unterliegen, und Politikern, die den Bürgern moralische Selbstdisziplin predigen? Aber auch insoweit wissen die Sprachgiganten eine Lösung: Der hohe Politfürst verläßt nicht treulos sein angetrautes Weib, sondern sucht sich »nur« eine neue Lebensgefährtin. Daß dies insbesondere bei hohen Politikern um sich greift, weiß niemand einzuordnen. Viele meinen, es sei der »Müßiggang«, dem nicht ausgelastete Politiker ausgesetzt seien. Da ist sicher etwas Wahres dran. Nun denn: Wer mit seinen höheren Zielen wächst, sollte ungebremst in die 3. und 4. Ehe steuern. Schließlich haben wir eine Familienministerin von hohen Gnaden. Sie wird es schon richten, Kondome machen es möglich.

---

*) Namen sind verpönt

Antifaschistischer Schutzwall

Was hüben, ob in Berlin, Niedersachsen, Hessen oder Bayern, schlicht »Mauer« heißt, nämlich das größte Bauwerk, das je zur Einkesselung von fast 20 Millionen Menschen errichtet worden ist, wird von Politikern der DDR als »Antifaschistischer Schutzwall« bezeichnet. Sie wollen diese Schandmauer auch als Friedensgrenze verstanden wissen. Denn nur durch sie sei es möglich gewesen, die auf ihr Staatswesen geplanten Angriffe der Faschisten und Kapitalisten abzuwehren. Nun wissen wir endlich, weshalb die »Mauer« gebaut werden mußte, nämlich gegen die Invasoren vom Westen. Weshalb dennoch, auf die abenteuerlichste Weise, DDR-Bürger in den Westen flüchten, wird ignoriert. Übrigens, es gibt auch Westpolitiker, die die Mauer für eine nützliche Einrichtung halten, nicht nur die Grünen. Es sind dieselben Leute, die auch von der Wiedervereinigung nichts halten und den Anspruch darauf (obwohl im Grundgesetz verankert) als »blühenden Unsinn« verteufeln.

Arbeitsbegräbnis, Arbeitsessen

Seit Titos Tod gibt es auch »Arbeitsbegräbnisse«, jedenfalls für Politiker, die kraft ihres Amtes gezwungen sind, an Beerdigungen geliebter oder ungeliebter Repräsentanten von politischem Rang teilzunehmen. Nun wäre es einfältig, dem Wortsinn nach anzunehmen, die hohen Trauergäste würden zwecks Verminderung der Begräbniskosten mit Hacke und Schaufel mithelfen, den Verblichenen unter die Erde zu bringen. Ersparnisgründe scheiden schon deshalb aus, weil Staatsbegräbnisse den trauernden oder frohlockenden Hinterbliebenen keine Kosten verursachen. Und eine aktive Mithilfe verbietet sich schon wegen des erhöhten Unfallrisikos, dem Ungelernte bei Erdarbeiten unterliegen. Wenn dennoch von Arbeit die Rede ist, so bezieht sich dies auf die Plaudereien der Politiker am Rande der Trauerfeierlichkeiten, insbesondere beim Leichenschmaus, der sich dann als besondere Form des Arbeitsessens darstellt. Im übrigen: »Arbeitsessen« wirkt immer. Auf diese Weise wird beim »mündigen Bürger« die Vorstellung erweckt, unsere Politiker und Parteifunktionäre opfern sich förmlich, um nicht zu sagen »verzehren« sich, die Belange des Volkes selbst beim Essen wahrzunehmen. Was sind wir dagegen für schwache Menschen! Wir essen, weil wir Hunger oder Appetit haben oder ganz einfach weil es uns Spaß macht. Unsere Politiker können nicht einmal das. Sie müssen essen, ob sie wollen oder nicht, im Interesse des Volkes und der ihnen übertragenen Aufgaben; für sie ist also auch Essen Arbeit. Vielleicht ist das der Grund, weshalb viele Minister und Parlamentarier an Übergewicht leiden. Sie sind zu bedauern, und der Gesetzgeber sollte wieder einmal in eigener Sache ein Gesetz beschließen, das derart drangsalierte, übergewichtige Volksvertreter mit einer Berufskrankheitsrente bedenkt. (Vorschlag: bei 10 % Übergewicht monatlich 500,– DM und alsdann gestaffelt nach Prozenten, z. B. bei 20 % Übergewicht 1000,– DM monatlich – selbstverständlich steuerfrei.) Auch die Erfindung des Begriffs »Arbeitsbegräbnis« läßt erkennen, zu welchen geistigen Höhenflügen Politiker mit ihren hochbezahlten Pressesprechern fähig sind, um die Bürde des Amtes ins rechte Licht zu rücken. Da ist auch sprachlicher Irrsinn (im wahrsten Sinne des Wortes) erlaubt. Vielleicht gibt es für hohe Politiker künftig auch Arbeitshochzeiten und Arbeitsgeburtstage.

Arbeitsfrühstück

Beschränkten sich bisher unsere hohen Politiker (und sogenannte Volksvertreter) auf Arbeitsessen (also Lunch zu Mittag und Dinner zu Abend) zu Lasten des Steuerzahlers, sind wir inzwischen um eine Variante reicher: Nun gibt es auch das Arbeitsfrühstück. Es wäre ja gelacht, wenn die »unterbezahlten« Politiker auch noch morgens ihre frischgebackenen Brötchen selbst bezahlen müßten, zumal sie in unser aller Interesse unsere illustren Gäste aus Ost und West, der Dritten Welt und den Entwicklungsländern schon am Vorabend mit Champagner und Kaviar positiv einzustimmen pflegen. Dies ist gar nicht so leicht. Denn wie sollen unsere schwergewichtigen (leider meist nur an Pfunden) Politiker den Gästen aus dem Osten oder der Dritten Welt verständlich machen, daß sie von uns zwar weiter Millionen kassieren können, wir aber auch gelegentlich an unsere über 2 Millionen Arbeitslosen denken müßten? Oder denkt man daran schon nicht mehr? Schließlich müssen wir an die Asylanten denken. Sie vermehren zwar das Heer der Arbeitslosen, mindern aber nicht die Diäten der Volksvertreter, und darauf kommt es an.

Aufgeschlossene Atmosphäre

Wenn Politiker in der Bundesrepublik in Pressekonferenzen oder Fernsehinterviews zum Ausdruck bringen, die Gespräche (meist mit hochgestellten Politikern) hätten in einer »aufgeschlossenen Atmosphäre« stattgefunden, ist immer Vorsicht am Platze. Es bedeutet mehr oder weniger, daß man aneinander vorbeigeredet und keine Einigkeit erzielt hat. Mit anderen Worten: außer Spesen nichts gewesen. Das wissen natürlich unsere an den Gesprächen beteiligten »Politoberen«. Nur sagen sie es nicht. Warum eigentlich nicht? Oder ist es nicht gut, die Bürger darüber zu informieren, daß – wie so häufig – bei den Sitzungen und Wortgefechten nichts oder nur wenig herausgekommen ist? Das kann man natürlich nicht! Denn der mit Steuern reichlich beglückte Bürger könnte ja kritische Fragen stellen. Zum Beispiel: Weshalb dieser unsinnige Zeit- und Kostenaufwand? Hat die von vornherein eingeplante und im nachhinein für so segensreich erachtete »aufgeschlossene Atmosphäre« irgend etwas erbracht? Sieht man von den »flankierenden Arbeitsessen« auf Staatskostender hohen Gesprächsteilnehmer ab, wahrscheinlich nur Steine statt Brot. Na denn, es war »ein nützliches Gespräch«, so steht es dann geschrieben.

Nun finden neuerdings nutzlose hochpolitische Gespräche nicht nur in einer aufgeschlossenen Atmosphäre statt, sie werden auch »mit großem Ernst« geführt. So jedenfalls nach den Presseverlautbarungen der Bundesregierung. Und auch diese inhaltlose Floskel dient vornehmlich der Verschleierung. Sie wird immer dann benutzt, wenn die Gespräche, Konferenzen und so weiter in der Sache rein gar nichts erbracht haben. Beispielhaft hierfür sind die Erklärungen des Regierungssprechers nach dem Besuch des früheren Bundeskanzlers Schmidt bei Leonid Breschnew im Juli 1980 in Moskau (um die Jahreswende war die Besetzung Afghanistans durch die Russen vorausgegangen). Nach den Ergebnissen der Moskaureise befragt, wußte Herr Bölling (damals noch Leiter des Presseamtes) nur zu sagen, die Gespräche im Kreml seien mit großer Ernsthaftigkeit geführt worden. Da fragt man sich als sogenannter »mündiger Bürger«, wie es denn sonst bei Gesprächen der Politoberen zugeht? Scherzen sie nur miteinander? Nun, auch ein Regierungssprecher hat es nicht leicht, »Steine statt Brot« zu verkaufen. Aber muß es immer mit so großer »Ernsthaftigkeit« und erhobenem Zeigefinger geschehen? Fast sieht es so aus, daß der jetzige Regierungssprecher, der sinnigerweise Ost heißt, eine lockere Sprache bevorzugt. Dies wäre zu begrüßen.

Ausschuß

Nach Ansicht erfahrener und kluger Leute ist ein Ausschuß eine Gruppe von Unwilligen, ausgewählt aus einer Schar von Unfähigen, zwecks Erledigung von etwas völlig Unnötigem. Dennoch (oder gerade deshalb) hat sich die »Ausschusseritis« wie eine Epidemie ausgebreitet, und es besteht der Eindruck, ein Leben ohne Ausschüsse sei nicht lebenswert. Dies ergibt sich schon daraus, daß es kaum einen Bereich unseres politischen und gesellschaftlichen Lebens gibt, wo nicht eine Vielzahl von Ausschüssen tätig ist, angefangen von Bundestag, den Länderparlamenten und Kommunen bis hin zum letzten Kaninchenzüchterverein. Die Vielfalt und Vielzahl von Ausschüssen ist unübersehbar. Da gibt es Fachausschüsse, Beratungsausschüsse, Parlamentarische Untersuchungsausschüsse, Koordinierungsausschüsse, regionale und überregionale Ausschüsse, gemischte Ausschüsse, vorbereitende Ausschüsse, Beschlußausschüsse, Gesetzgebungsausschüsse, Haushaltsausschüsse, ständige Ausschüsse, Wahlausschüsse, Finanzausschüsse, Personalausschüsse, Kulturausschüsse, Schulausschüsse, Hauptausschüsse, Unterausschüsse, Grundsatzausschüsse, Arbeitsausschüsse, um nur einige wenige zu nennen. Nun liegt es in der Natur der Sache, daß Ausschüsse auch einen Unterbau haben müssen. Dem wird insoweit Rechnung getragen, daß Ausschüsse in der Regel sogenannte Arbeitskreise »gebären«, deren Aufgabe im wesentlichen darin besteht, die Ausschußarbeit zu befruchten, was zusätzlich eine Vielzahl von Sitzungen erfordert. Diese Sitzungen erfreuen sich immer größerer Beliebtheit. Da gibt es nicht nur Sitzungsgeld, sondern im Anschluß erfrischende Bierabende oder sektgeschwängerte Parties.

Auf diese Weise ist sichergestellt, daß fast jeder Bürger das Glück hat, Mitglied eines Ausschusses, zumindest eines Arbeitskreises zu sein.

Nur die wenigen vom Ausschußwesen noch nicht beglückten Bürger pflegen die »Ausschusseritis« mit der haltlosen Bemerkung zu verteufeln:

»Fällt einem nichts mehr ein, richtet man einen Ausschuß ein!«

So geht das natürlich nicht. Man denke nur an die Parlamentarischen Untersuchungsausschüsse, die es sowohl im Bundestag als auch in den Länderparlamenten gibt und die angeblich die Aufgabe haben, Mißstände in den Parlamenten und der Regierung usw. aufzudecken, die Verantwortlichen festzustellen und auf Abhilfe zu sinnen. Da sich jedoch die Zusammensetzung der Parlamentsuntersuchungsausschüsse nach der Mandatsverteilung in den Parlamenten richtet – von richterlicher Unabhängigkeit also keine Rede sein kann –, kommt dabei nichts heraus. Ist beispielsweise ein CDU-Politiker das schwarze Schaf, werden die CDU-Mitglieder des Ausschusses sein Handeln billigen, die SPD-Mitglieder des Ausschusses es mißbilligen und umgekehrt: Geht es einem SPD-Mann an den Kragen, werden die CDU/CSU und die FDP mißbilligen, die von der SPD alles in Ordnung finden.

Eine, wenn auch nur mehrheitliche Entscheidung, die möglicherweise Folgen nach sich ziehen könnte, findet nicht statt. Daher fällt es dem steuerzahlenden Bürger immer schwerer, den Sinn solcher Einrichtungen zu begreifen.

Andererseits sollte man deshalb Ausschüsse nicht geringachten. Schließlich gibt es noch Arbeitsausschüsse, was den Schluß zuläßt, daß dort auch gearbeitet und nicht nur debattiert wird. Außerdem hört man immer wieder, daß die Leere im Bundestag, auch bei wichtigen Debatten, ihren Grund nur darin habe, daß die geplagten Parlamentarier in den Ausschüssen präsent sein müßten und schließlich dort die Entscheidungen getroffen würden. Die Generaldebatten im Bundestag sind also nur Scheingefechte und dienen mehr oder weniger der Unterhaltung, gewissermaßen als Kontrastprogramm zu den meist noch langweiligeren Unterhaltungssendungen in Funk und Fernsehen.

Eine besondere Art von Ausschüssen sind die sogenannten Kommissionen. Diese werden vornehmlich von Ministern eingesetzt und nicht etwa, wie gewöhnliche Ausschüsse, von einer Versammlung oder einem größeren Gremium gebildet. Sie sollen die nicht ausgelastete oder nicht sachkundige Ministerialbürokratie entlasten, unangenehme Entscheidungen verzögern und dem Minister zu Zeitgewinn verhelfen. Man denke nur an die seit Jahren bestehende »Transfer-Kommission«, die sich mit Einkommensübertragungen von Erwerbstätigen auf Rentner befaßt.

Azubis / Azuzis

Sind, was vermutet werden könnte, keine japanischen, koreanischen oder tansanischen Gastarbeiter, sondern Auszubildende, d. h. auf gut deutsch »Lehrlinge« – in der öffentlichen Verwaltung sogenannte »Dienstanwärter«. Es handelt sich also um junge Leute, die etwas lernen, das heißt, für ihren künftigen Beruf ausgebildet werden sollen. Warum lehren und belehrt werden nicht mehr für zutreffend gehalten wird und der Begriff »Lehrling« nicht mehr gebraucht werden darf, ist nicht einzusehen. Angeblich soll diese Bezeichnung abwertend sein, ein Überbleibsel kapitalistischer Jugendausbeutung, auf deutsch, eine herabsetzende Bezeichnung für junge Menschen, die eine berufliche Ausbildung erhalten. Hier ist etwas dran, denn Lehrjahre sind nach überholter (?) Auffassung keine Herrenjahre. Damit muß Schluß sein. Wo kämen wir sonst hin?

Dennoch: Im Volksmund heißt es nach wie vor »Lehrlinge«, und der Normalbürger sowie die gestandenen Männer vor Ort, die die verantwortungsvolle und oft mühselige Aufgabe der Ausbildung bewältigen, gebrauchen nur mit Widerwillen (wenn es nicht anders geht) das Wort »Auszubildende«. Für sie sind die ihnen Anvertrauten, denen sie über das rein Fachliche hinaus selbstlos und in väterlicher oder mütterlicher Weise mit Rat und Tat zur Seite stehen, nach wie vor »Lehrlinge«, weil sie eben nicht nur ausbilden, sondern auch lehren im weitesten Sinne des Wortes. Ist es nicht gut, wenn gestandene Männer oder Frauen neben der Ausbildung auch für die ganz privaten Sorgen ihrer »Lehrlinge« ein Ohr haben?

Man muß sich wirklich fragen, was den Gesetzgeber bewogen haben mag, einen seit Jahrhunderten gebräuchlichen und gewachsenen, aber auch sinnfälligen Begriff durch eine noch dazu sprachlich unschöne Bezeichnung abzulösen. Vielleicht »weiß es nur der Wind«? Und vielleicht wissen die Soziologen, Politologen, Psychologen und Pädagogen eine Erklärung? Reife, erfahrene und im Berufsleben bewährte Frauen und Männer wissen, daß sie noch täglich dazulernen, nicht zuletzt, um auch lehren zu können. Lernen und lehren lassen sich nicht trennen. Und weshalb junge Menschen, die auszubilden sind, nicht mehr Lehrlinge sein dürfen, ist unerfindlich. Aber was hilft's? Der soziale Fortschritt ist nicht aufzuhalten. So ist, angeregt durch die Wortschöpfung Azubi, von einem Leser der »Frankfurter Allgemeinen Zeitung« vorgeschlagen worden, den entwürdigenden Begriff »Kind« durch Azuzi (= Aufzuziehender) zu ersetzen. Daß hierauf weder unsere Ministerialbürokratie (Minibü) noch die Jusos (Jungsozialisten), Judos (Jungdemokraten), Julis (Junge Liberale), Promis (Prominente) und Spipos (Spitzenpolitiker) gekommen sind, muß uns Mübüs (mündige Bürger) nachdenklich stimmen. Im übrigen: Was den Kindern (künftig Azuzis) recht ist, sollte den Alten billig sein. Daher sollten auch die diskriminierenden Begriffe Oma und Opa schlicht durch »Seni« (Senior) ersetzt werden. Und damit auch die Minister nicht leer ausgehen, bietet sich für sie die Abkürzung Mini an, wobei Verwechslungen mit attraktiven Modeschöpfungen im Interesse höherer Staatsinteressen in Kauf genommen werden sollten.

Berufsverbot

Es gehört zu den Überraschungen unserer Zeit, wie leicht es ist, die Begriffe zu verwirren. So wird allen Ernstes in der Bundesrepublik und sogar im befreundeten Ausland, also auch in den westlichen Demokratien, die Mär verbreitet, die Bundesrepublik verhänge über nicht »linientreue« Staatsbürger (d. h. Rechts- oder Linksradikale) ein Berufsverbot. Mit anderen Worten: Leute, die unsere demokratischen politischen Parteien ablehnen oder gar bekämpfen, sind beruflich und damit auch wirtschaftlich tot. Sie finden keine Beschäftigung. Daß aus dieser völlig abwegigen Einstellung sogar ein sogenanntes »Russell-Tribunal« in der Bundesrepublik tagen konnte (und zwar ohne »Berufsverbot« oder »Versammlungsverbot«), wird vermutlich später einmal als besonders hinterhältiger Trick der »faschistischen Bundesrepublik«, nämlich auf diese Weise nach außen Demokratie zu heucheln, hingestellt werden. Und es wäre nicht verwunderlich, wenn nicht nur bei uns, sondern auch im befreundeten Ausland viele kluge Journalisten in diesen Chor mit einstimmten.

Dabei geht es doch nur um dies:

Unser demokratischer und sozialer Rechtsstaat will nicht zulassen, daß diejenigen, die ihn, auch mit Mitteln der Gewalt, beseitigen wollen (und dies auch offen bekennen), als pensionsberechtigte Beamte eingestellt werden. Man will also, im Gegensatz zur Weimarer Republik, wo Hitler Regierungsrat in Braunschweig werden und damit die deutsche Staatsangehörigkeit erwerben konnte, verhindern, diejenigen zu fördern, die uns – um mit Lenin zu sprechen – noch mit den Stricken aufhängen, die wir ihnen liefern.

Wenn die Geschichte nicht trügt, gehörte ein früherer Bundeskanzler (Schmidt) zu denjenigen, die in Übereinstimmung mit den Ministerpräsidenten der 11 Länder mit Hilfe eines sogenannten »Radikalenerlasses« versucht haben, zu verhindern, daß Radikale von rechts und links unseren mühsam aufgebauten sozialen Rechtsstaat zerstören. Was dies mit »Berufsverbot« zu tun hat, ist unerfindlich, auch wenn einige für den Erlaß Verantwortliche inzwischen anderer Auffassung geworden sind und nichts dabei finden, wenn Lehrer eingestellt werden, deren erklärtes Ziel es ist, unseren sozialen Rechtsstaat zu beseitigen. Hier machen sich also hochangesehene Politiker, offensichtlich ohne es zu bemerken, die von Staatsfeinden gezielt und geschickt in Szene gesetzte Sprachverwirrung zu eigen. Sie werfen ihre früheren Einsichten und Beschlüsse über Bord, nur um sich nicht dem Vorwurf auszusetzen, »Berufsverbote« zu billigen. Dieser

»Salto mortale« verdeutlicht, wie sprachliche Mißdeutungen und Umdeutungen brisante politische Entscheidungen ohne sachlichen Grund beeinflussen können. Das Reizwort »Berufsverbot« hat, ohne Rücksicht auf seinen eigentlichen Inhalt, durch gezielte Propagandamaßnahmen einen Stellenwert erhalten und eine Deutung erfahren, die auch der liberalste Bürger nicht mehr zu begreifen vermag.

Denn was bedeutet im Grunde »Berufsverbot«? Doch nicht mehr und nicht weniger, als daß jemand an der Ausübung seines Berufes gehindert wird. Es wird also dem Elektromeister X wegen seiner politischen Betätigung verboten, noch Steckdosen zu verlegen. Aber wo gibt es das bei uns? Auch wäre es doch wohl abwegig, deshalb von einem Berufsverbot zu sprechen, weil sich dieser Elektromeister weigert, einen Gesellen einzustellen, dessen erklärtes Ziel es ist, seinen Betrieb zugrunde zu richten.

Natürlich gibt es auch in einem Rechtsstaat echte Berufsverbote. So sieht das Gesetz vor, Rechtsanwälten, die Gelder ihrer Mandanten unterschlagen, Lehrern, die Schüler vergewaltigen, oder Ärzten, die Patienten umgebracht oder Patientinnen mißbraucht haben, die weitere Berufsausübung zu untersagen, immer vorausgesetzt, daß dies in einem rechtsstaatlichen Strafverfahren rechtskräftig ausgesprochen worden ist.

Aber was, um alles in der Welt, hat dies damit zu tun, wenn eine Behörde, so wie das Gesetz es befiehlt, die Einstellung von Beamtenanwärtern davon abhängig macht, daß sie auch für unseren freiheitlichen sozialen Rechtsstaat eintreten! Niemand zwingt einen Bewerber dazu, in den öffentlichen Dienst zu treten. Wenn er es aber will, muß er doch wohl auch die damit verbundenen Pflichten übernehmen. Wie daraus ein Berufsverbot abgeleitet werden kann, ist unerfindlich; oder würde man die DKP eines Verfassungsverstoßes bezichtigen, nur weil sie von der Einstellung eines aktiven NPD-Mitglieds Abstand nimmt? Und noch liberaler geht es wohl nicht: Da können Richter weiter richten, die sich an Sitzblockaden beteiligen und damit vorsätzlich das Recht, das sie sprechen sollen, brechen.

Bilateral

Minister, Politiker und Funktionäre aller Art sprechen oft von bilateralen Verhandlungen, Vereinbarungen, Verträgen usw. Der staunende und gutwillige Bürger hört dies mit Wohlwollen und Behagen; er weiß seine Sache wieder einmal in guten Händen. Denn wenn wir schon »bilateral« miteinander verkehren, muß ja was dran sein. Daß es sich im Grunde lediglich um zweiseitige Vereinbarungen oder Verträge handelt, also Abmachungen, die zwischen zwei Partnern eingegangen werden, weiß kaum jemand. Welcher Normalbürger würde schon auf die Idee kommen, den Kauf von einem Stück grüner Seife im Tante-Emma-Laden als ein bilaterales Geschäft (sprich Kaufvertrag) anzusehen. Wenn selbst Sexologen bei eindeutigen Verhaltensweisen nicht von bilateralen Beziehungen sprechen, sondern in der Regel schlicht vom Beischlaf zweier Menschen unterschiedlichen Geschlechts, sollte uns das froh stimmen. In Zukunft wissen wir, daß sich bilaterale Auseinandersetzungen ausschließlich im politischen Bereich abspielen. Wer also mit seiner Frau Krach hat, sollte sich hüten, von einer bilateralen Auseinandersetzung zu sprechen. Es ist die natürlichste Sache der Welt. Und dabei sollte es bleiben. Politikern hingegen, die wiedergewählt oder berufen werden möchten (und wer möchte das nicht), sollte man das »bilaterale« Geschwätz zugestehen. Sie wissen ja oft ohnehin nicht, was sie tun.

Blockbeschulung hüben und drüben

Wer weiß schon, was Blockbeschulung ist? Ältere Jahrgänge meinten, daß dies etwas mit den Nazis zu tun haben müsse, wo es NS-Blockwarte gab, das heißt Parteigenossen, die u. a. für die NS-Schulung ihres »Blockes«, also eines bestimmten Wohnkomplexes, zu sorgen hatten. So wie es heute noch in der DDR praktiziert wird, nur daß an die Stelle der NS-Schulung die SED-Schulung getreten ist. Nichts dergleichen. Bei »Blockbeschulung« im Westen geht es um etwas ganz anderes, nämlich um einen Berufsschulunterricht, der unter Ausklammerung der üblichen Lehrlingsausbildung in zeitlichen Abständen ausschließlich von den Berufsschulen erteilt wird. Diese »Blockbeschulung« dient vornehmlich der theoretischen Vervollkommnung ihrer in den Betrieben vernachlässigten »übergeordneten« Einsichten in bezug auf den von ihnen erwählten Beruf. Daher nimmt die »Blockbeschulung« einen hohen Rang ein. Nur so können wir die »verschulte Berufsausbildung« zu höheren Weihen führen.

Nun soll nicht verkannt werden, daß ein vernünftiger Berufsschulunterricht im Rahmen des »dualen Systems« (gemeint ist auf deutsch: praktische Lehrlingsausbildung in den Betrieben und theoretischer Ergänzungsunterricht in den Berufsschulen) eine gute Sache ist. Wenn aber Bildungspolitiker meinen, es sei höchste Zeit, die »Verschulung« der Berufsausbildung weiter zu intensivieren, ist Vorsicht am Platze. Man kann nur wünschen, daß unsere Bildungsfanatiker im Ernstfalle, wenn der Wasserhahn tropft, die Heizung ausfällt oder der Kühlschrank streikt, einen Handwerker finden, der weniger »verschult«, aber aufgrund seiner soliden handwerklichen Ausbildung noch in der Lage ist, den Schaden zu beheben.

Daß im öffentlichen Dienst die totale Verschulung der Aus- und Fortbildung im Zuge des bildungspolitischen Höhenrausches bereits Tatsache ist, sollte angesichts der Ergebnisse und Folgen als Warnung dienen. Denn wo käme die freie Wirtschaft hin, wenn – wie in der öffentlichen Verwaltung – anstelle einer betriebsnahen und praxisbezogenen Ausbildung vor Ort Akademien errichtet, jegliche praktische Arbeit während der Aus- und Fortbildung verboten und die künftigen Gesellen und Meister nur noch ge- und verschult würden?

Bruderland, Bruderpartei

Diese in der DDR von hohen Politikern (einschließlich Honey = Honecker = Generalsekretär der Sozialistischen Einheitspartei Deutschlands und Vorsitzender des Staatsrats der Deutschen Demokratischen Republik) immer wieder gebrauchten Begriffe verdeutlicht ein altes Sprichwort, nämlich: »Und willst du nicht mein Bruder sein, hau ich dir den Schädel ein.« Im Klartext: Die große Sowjetunion ist für alle ihre Satelliten der »große Bruder«. Sie sorgt für Ordnung, schlägt Volksaufstände nieder und tut alles zum Wohle der östlich der Elbe »real existierenden« Volksdemokratien. Begegnen sich die Oberen, wird geküßt und in die Kameras gelächelt. Wenn das keine brüderliche Liebe ist? Nur Schufte, Kapitalisten und westliche Gazettenschreiber können Böses dabei denken. Jedenfalls ist authentisch, daß bei diesen Kußszenen keine bisexuellen Veranlagungen im Spiel sind. »Brüder«, die sich lieben, so wie z. B. die UdSSR und die DDR, dürfen sich schließlich küssen. Küssen ist keine Schand'. Auch die Gesundheitsministerin, Frau Süßmuth, hält es für ungefährlich.

Bundesbeauftragte

Dem Gesetzgeber ist schon deshalb Anerkennung und Beifall sicher, weil er immer neue Posten schafft und so den Arbeitsmarkt entlastet, indem er auch ausgeschiedene oder nicht ausgelastete Spitzenpolitiker und Funktionäre noch mit Ämtern beglückt, die ihnen das Gefühl der Unentbehrlichkeit vermitteln. Verdiente Politiker dieser Größenordnung, die an sich ein sorgenfreies Leben führen könnten, werden insbesondere als Kandidaten für das Europaparlament oder zu »Bundesbeauftragten« bestellt. So haben wir inzwischen einen Wehrdienstbeauftragten, Wehrdienstverweigerungsbeauftragten (= Beauftragten für den Wehrersatzdienst), Berlinbeauftragten, Steinkohlenbergbaubeauftragten, Beauftragten für Ausländerfragen, Datenschutzbeauftragten usw. usw.

Über die Aufgaben und Funktionen dieser hohen Amtsinhaber weiß kaum jemand etwas; Weisungsbefugnisse haben sie wohl nicht, aber immerhin dürfen sie den Parlamenten berichten. Wie schön, zumal bei ihrer Berichterstattung kaum jemand anwesend ist oder gar zuhört, was auch einem Fraktionsvorsitzenden aufgefallen ist, der anläßlich eines Berichts des Wehrbeauftragten vor leerem Hause die Beschlußunfähigkeit des »Hohen Hauses« feststellen ließ. Beruhigend, daß wir so stramme Parlamentarier und Demokraten haben. Da auch sie älter werden, sind sie wahrscheinlich zu gegebener Zeit einem »Bundesbeauftragtenrentneramt« nicht abhold, und die weitere Bestellung von »Bundesbeauftragten« dürfte gesichert sein, so wären beispielsweise zu erwägen:

ein Bundesbeauftragter für Bundesbeauftragte,
ein Bundesbeauftragter für pensionierte Politiker,
ein Bundesbeauftragter für Gartenfreunde,
ein Bundesbeauftragter für Tante-Emma-Läden,
ein Bundesbeauftragter für Hausmänner,
ein Bundesbeauftragter für gleichgeschlechtliche Beziehungen,
ein Bundesbeauftragter für Hausbesetzer,

wobei sich – nach marktwirtschaftlichen Gesichtspunkten – die Bestellung neuer Bundesbeauftragter ausschließlich daran orientieren sollte, welche »verdienten« Politiker noch mit einem einträglichen Posten zu bedenken sind.

Aber was, so fragen weitsichtige Parteipolitiker schon heute, wenn Kohl, Strauß oder gar der ständig um den Erdball kreisende Genscher einmal in den Ruhestand treten? Nun, deshalb geht die Welt nicht unter. Jedermann ist ersetzbar. Und so einmalig waren sie ja auch wieder nicht. Die Geschichte wird es kaum registrieren. Und Bundesbeauftragte werden sie allemal.

Denkanstoß

Ein Begriff, der alles entschuldigt und alles erlaubt. Bei dieser Redewendung von Politikern und Funktionären handelt es sich meist um handfeste Forderungen, die in den Polit-, Partei- und Funktionärsgremien längst beschlossene Sache sind. Hier wird »getestet«, ob und wie sie an der Basis ankommen.

Nun ist nicht zu leugnen, daß gelegentlich auch Bürger »Denkanstöße« an Regierung, Parteien, Behörden usw. »vermitteln«. Nur drücken sie sich anders aus. Sie sagen, wo der Schuh drückt, und möchten z. B. wissen, weshalb, wieso, warum z. B. eine Baugenehmigung für die Neuinstallierung eines Gartenzaunes oder eines Windfangs vor der Haustür viele Monate auf sich warten läßt und »dieserhalb« unzählige Anträge (Formulare) ausgefüllt werden müssen. Die Antworten sind im besten Behördendeutsch vorprogrammiert: Wir bestätigen den Eingang Ihrer Eingabe vom ... und haben davon Kenntnis genommen, daß ... *(was schon völlig überflüssig ist: denn wie soll eine Behörde antworten können, wenn sie die »Eingabe« nicht erhalten und nicht zur Kenntnis genommen hat?)* Nach sorgfältiger Prüfung Ihres Begehrens *(»Begehren« ist immer gut und erinnert mich an den Witz, wo ein Pfarrer ein männliches Schäflein auf die Einhaltung des Gebotes »Du sollst nicht begehren Deines Nächsten Weib« hinweist und der Gerügte antwortet: er begehre die Frau ja gar nicht, sondern wolle nur gelegentlich mit ihr schlafen)* gestatten wir uns, darauf hinzuweisen, daß nach § ... in Verbindung mit der Verordnung ... und dem Erlaß des Regierungspräsidenten vom ... sowie unter Berücksichtigung der Ortssatzung vom ... noch nähere Ermittlungen geboten erscheinen *(»geboten erscheinen« wirkt und flößt Respekt ein).* Nach Abschluß unserer Ermittlungen kommen wir unaufgefordert auf die Sache zurück *(was soviel bedeutet: von Erinnerungen oder Nachfragen ist abzusehen, sonst dauert es noch länger!)«*

Also lassen wir uns auch künftig »Denkanstöße« vermitteln. Wir werden trotzdem weiter fernsehen und uns das Denken weitgehend abgewöhnen. Wozu haben wir so objektive, fundierte und parteipolitisch unbeeinflußte aktuelle Sendungen wie Report, Panorama, ZDF-Magazin und Internationaler Frühschoppen? Was besonders beängstigend ist, die sogenannten Moderatoren verstehen es, uns mit erhobenem Zeigefinger weiszumachen, wir, die andächtigen Zuhörer, seien mehr oder weniger an allem und jedem mitschuldig. Während sie, mit prophetischer Gabe ausgestattet, für alles und jedes den Stein der Weisen gefunden haben.

Der Klare aus dem Norden · Der letzte Preuße / FJS · Der Zuchtmeister der SPD / Onkel Herbert · Der schwarze Riese · Schmidt-Schnauze · Strahlemann · Die rote Heidi · Der kleine Professor · Weinbrand-Willy · Honey · Herz-Jesu-Sozialist · Bruder Johannes · Der kleine Napoleon

Besonders in politischen Gazetten, aber auch in weniger anspruchsvollen Blättern tauchen häufig Bezeichnungen für hohe Politiker auf, die in den gängigen Handbüchern über »Spipos« (Spitzenpolitiker) oder »Promis« (Prominente) fehlen. Kein Wunder, daß dies bei Nichteingeweihten zu falschen Vorstellungen führt und zur Verwirrung beiträgt. Daher einige Richtigstellungen:

So handelt es sich bei dem *»Klaren aus dem Norden«* nicht – was angesichts der Alkoholwerbung naheliegt – um einen hochprozentigen Schnaps, sondern um den zur Zeit amtierenden Bundesfinanzminister, den früheren Ministerpräsidenten des Landes Schleswig-Holstein, nämlich den CDU-Politiker Dr. Gerhard Stoltenberg. Es ist eigentlich erstaunlich, daß nicht seine Parteifreunde, vielmehr seine politischen Gegner diese mehr als schmeichelhafte Bezeichnung erfunden haben. Denn wer denkt schon etwas Böses, wenn er nach des Tages Müh und Arbeit einen »Klaren« zur Brust nimmt. Auch verbindet sich mit klar und Norden nichts Abträgliches. Selbst »Nordlichter« sind ja nach neuester Forschung, wie man aus »Albrechts Niedersachsen« vernimmt, keine »Armleuchter«, sondern gehören zur hochqualifizierten Gattung des »Homo sapiens«, vernunftbegabter Menschen also.

Ebenso schwierig dürfte es sein, hinter der Bezeichnung *»letzter Preuße«*, auch FJS genannt, Franz Josef Strauß, zur Zeit Ministerpräsident des Freistaates Bayern, zu vermuten, zumal er mit den Nordlichtern wenig im Sinn hat. So wird also ausgerechnet ein Urbayer mit Stiernacken, Maßkrug und urbayerischer Schützenuniform von unseren

Massenmedien unbeanstandet als »letzter Preuße« bezeichnet, und dies trotz Spiegel-Affäre, Verdächtigungen im Bestechungsskandal Lockheed usw. Eine Deutung dieses Phänomens fällt schwer. Liegt es vielleicht daran, daß Strauß, inzwischen selbst vom »Spiegel« anerkannt, unbestreitbar ein tüchtiger Verteidigungs- und Finanzminister war? Liegt es daran, daß er während der Großen Koalition (CDU/SPD) in den Jahren 1966 bis 1969 mitgeholfen hat, den Karren aus dem Dreck zu ziehen? Oder liegt es einfach daran, daß er aufgrund seiner hohen Intelligenz, seiner rhetorischen Begabung und seiner selbst in »Spiegel-Interviews« unbefangenen Aussagefreudigkeit ein verständliches Deutsch redet? Wenn selbst Wehner, als Sachse zwar nur »angeheirateter Preuße«, trotz politischer Gegnerschaft Strauß respektiert (und umgekehrt), so ist das vielleicht ein Grund dafür, daß der »letzte Preuße« als Urbayer bestehen kann. Und nicht von ungefähr wächst sein Ansehen als weitsichtiger, wenn auch unbequemer Politiker.

Noch zwiespältiger mutet es an, wenn ein und dieselbe Person einmal als *»Zuchtmeister der SPD«* tituliert und zum anderen als *»Onkel Herbert«* verehrt wird: Herbert Wehner, der langjährige Fraktionsvorsitzende der SPD. Die Zuchtmeisterqualität verdankt er sicher seiner Fähigkeit, die Fraktion in seinem Sinne zu zügeln und nötigenfalls (ganz antiautoritär, versteht sich) zur Räson zu bringen, wenn dies auch in seiner letzten Amtszeit, bedingt durch aufmüpfige Linksintellektuelle, zunehmend Schwierigkeiten bereitet hat. Vielleicht wird ihm die Strenge eines Zuchtmeisters auch deshalb zugeschrieben, weil er, der heiteren Gelassenheit und eines befreienden Lachens abhold, stets so verbissen dreinschaute und Humor durch ätzenden Sarkasmus ersetzte, von seiner rüden Vulgärsprache ganz zu schweigen. Nun ist Humor noch nie eine Eigenschaft strammer Sozialisten gewesen. Aber Wehner ist Sachse, und es ist eigentlich schade, daß er die Gemütlichkeit und den angeborenen herzlichen Humor dieses heiteren Volksstammes beim Wandel vom Kommunisten zum Demokraten nicht neu entdeckt hat. Daß er dennoch auch als »Onkel Herbert« apostrophiert wird – wahrscheinlich von guten Freunden erdacht –, deutet auf menschliche Züge hin, die versöhnlich stimmen. Und jetzt im hohen Alter, inzwischen »in Rente«, sinnt er vielleicht darüber nach, was er in seinem wechselvollen Leben anders und besser hätte machen können.

Von ganz anderer Art erscheint *»Der schwarze Riese«*, nicht zu verwechseln mit einer dicken Brasilzigarre (obwohl es eine solche Marke im Handel gibt). Dahinter verbirgt sich vielmehr der Vorsitzende der CDU und der derzeitige Bundeskanzler Helmut Kohl. Der Spitzname beruht auf seinem Gardemaß (über 2 Meter Körpergröße) und seinem katholischen Glaubensbekenntnis. Er ist – nicht nur politisch – das Gegenstück

des Zuchtmeisters: wohlgenährt, als Pfälzer sicher dem Wein nicht abhold, Gemütlichkeit ausstrahlend, ohne jede rednerische Begabung, übergewichtig (an Pfunden), linkisch vor Fernsehkameras agierend (Krawatte zurechtrücken, lächeln, Hände schütteln – immer dasselbe). Da wußte sich sein Vorgänger *»Schmidt-Schnauze«* besser darzustellen, dem viele nachsagen, er sei leider in der falschen Partei, was zunehmend auch von linksintellektuellen Genossen behauptet wird.
Den Titel »Schmidt-Schnauze« hat sich Helmut Schmidt als scharfzüngiger Parlamentarier erworben. Im Volksmund heißt es von Leuten, die, bis an die Grenze der Beleidigung gehend, Andersdenkende in überheblicher und polemischer Form zurechtweisen, sie hätten eine »freche Schnauze«. Nun soll man bei Politikern, die ehrgeizig nach oben streben, nicht Maßstäbe anlegen, die für normale Bürger Gültigkeit haben. Interessant übrigens, daß Schmidt, nachdem zum Staatsmann avanciert, weniger mit »Schmidt-Schnauze« tituliert wurde, sondern als *»Macher«*. Das im Überschwang der Gefühle hochgejubelte Attribut des »Weltökonomen« ist nicht mehr »in«, nachdem der unter seiner Führung drohende Staatsbankrott mit Leistungsbilanzdefizit und wachsender Arbeitslosigkeit nicht gerade ökonomische Weitsicht verraten hat. Ob es die Konkursverwalter nach der sogenannten Wende (CDU/CSU, FDP) wenden, wer vermag dies schon zu sagen.
Von wesentlich anderer Art erscheint der *»Strahlemann«* (nach FJS ein sogenanntes »Nordlicht«). Um es vorwegzunehmen: Bei diesem Begriff handelt es sich keineswegs um eine Leuchtreklame für ein neues Superwaschmittel im Sinne des »Weißen Riesen«, der »Frau Saubermann« oder des »General«, das endlich Glanz ins Eigenheim bringt. Es geht schlicht um Ernst Albrecht, der plötzlich durch eine nicht mehr aufklärbare und vom Parteiproporz nicht getragene, geheime Mehrheitsentscheidung zum Ministerpräsidenten von Niedersachsen gewählt und durch spätere Neuwahlen bestätigt wurde. Daß er trotz dieser an sich demokratischen und daher unzweifelhaften Mehrheitsentscheidung zum »Strahlemann« wurde, erscheint zunächst unverständlich, zumal schwer zu orten ist, wer mit welcher Zielsetzung diesen Begriff erfunden hat. Sieht man Albrecht im Fernsehen, strahlt er als Landesvater (Ministerpräsident) das aus, was wir uns von einem hohen »Fürsten« erhoffen: Er ist bescheiden, er hat eine intakte, kinderreiche Familie, er geifert nicht gegen Andersdenkende oder politische Gegner, er bleibt sachlich und objektiv auch in unangenehmen und schwierigen Fragen. Vielleicht hat ihm das zu diesem Titel verholfen, auch wenn er vom politischen Gegner abträglich gemeint ist. Man kann nur hoffen, daß uns – unbeschadet der Parteizugehörigkeit – noch viele »Strahlemänner« beschieden sein mögen. Seine Meinung, auch Studenten

sollten nach 20 oder 30 Semestern einmal Examen machen und nicht weiter BaföG beziehen dürfen, erscheint zwar grünen und roten Nichtsteuerzahlern suspekt, aber weshalb eigentlich?

Ist von der *»roten Heidi«* die Rede, so ist die ehemalige Juso-Vorsitzende Heidemarie Wiecorek-Zeul gemeint, die es, wie andere frühere stramme Juso-Vorsitzende auch, inzwischen zu einem angesehenen und gutbezahlten politischen Job gebracht hat. Sie ist wohlbestalltes Mitglied im Europaparlament, inzwischen sogar Mitglied im Parteipräsidium der SPD. Ob sie heute noch die Gesellschaft radikal verändern will, in der auch sie recht gut lebt, zumal ihr Mann ein kleines Zubrot hinzuverdienen dürfte, ist nicht verbürgt.

Was den *»kleinen Professor«* angeht, ist anzumerken, daß sich »klein« ausschließlich auf die Körpergröße bezieht. Es handelt sich um Professor Biedenkopf, aus der Industrie kommend, später Generalsekretär der CDU und Oppositionsführer in Nordrhein-Westfalen, also Gegenspieler von »Bruder Johannes«, dem Ministerpräsidenten dieses Landes, dann Parteivorsitzender der vereinigten Landesverbände Rheinland und Westfalen-Lippe und inzwischen vom »schwarzen Riesen« auf Eis gelegt. Daß sich seine Körpergröße umgekehrt proportional zu seinen geistigen Qualitäten verhält, ist bei Freunden und Gegnern unbestritten. Sein Kenntnisreichtum auf wirtschaftspolitischem Gebiet hat ihm auch den zusätzlichen Titel »Wirtschaftsprofessor« eingebracht.

Nun wird noch ein Wort über *»Weinbrand-Willy«* fällig. Ältere Zeitgenossen wissen, daß damit der frühere Vorsitzende der SPD, der frühere Bundeskanzler (unter Kiesinger Außenminister), Mitglied des Europarates, Präsident der Sozialistischen Internationale, Friedensnobelpreisträger und Leiter der Nordsüd-Kommission gemeint ist, nämlich Willy Brandt. Diese herabwürdigende Namensgebung, die Willy in die Nähe eines Alkoholikers rückt, hat ihren Sinn verloren, nachdem er neuerdings der Abstinenz huldigt. Ob dies nach 35jähriger Ehe mit der Zuwendung zu einer 30 Jahre jüngeren Genossin und Lebensgefährtin, die er inzwischen geehelicht hat, in Zusammenhang steht, wissen nicht einmal die linken Genossen. Sie wissen nur, er »hat sich um das Vaterland verdient gemacht«.

Schließlich sollte noch ein berühmter Genosse jenseits der Mauer, nämlich *»Honey«* (schon im gesamtdeutschen Interesse), nicht unerwähnt bleiben. Dieser in der DDR geborene Spitzname bezieht sich auf den Generalsekretär der SED und Vorsitzenden des Staatsrats der DDR, Erich Honecker, der von westdeutschen Politikern zunehmend hofiert wird. Auch seine Staatsbesuche in westlichen Ländern sind inzwischen hochwillkommen. Als »Honey« 1985 seine Reise nach Westen in seine Heimat verschob, sollen auch hier viele Genossen Tränen vergossen haben. Der Name »Honey« allein ist schon eine Offenbarung. Er erinnert an Honigmond, und er geht wie Honig runter. »Honey« über alles in der Welt. Sieht er nicht wie ein gütiger Landesvater aus, wenn er in die Kameras lächelt, Paraden fähnchenschwingender und jubelnder Arbeiter und Bauern des 1. Arbeiter- und Bauernstaates abnimmt (um Anlässe sind die drüben ja nicht verlegen) und unter Verschlucken ganzer Satzteile an Primitivität kaum zu überbietende Reden hält? Wen interessiert es dann schon, daß er nach wie vor Landsleute von drüben, die nur einen Ortswechsel nach hüben vornehmen wollen, an der Mauer abschießen läßt? Das ist eben, so sagen unsere Realpolitiker, »real existierender Sozialismus«. Und, so meinen sie, genügt es eigentlich nicht, wenn wir uns schon um Chile, Nicaragua oder Südafrika kümmern? Und Blüm, als *»Herz-Jesu-Sozialist«* apostrophiert, unser Sonnenschein und Allerweltskerl: Ist es nicht schön, daß er Pinochet in Santiago de Chile die Leviten liest (Reisen in ferne Länder bilden), aber Besuche in der DDR und entsprechende Standpauken bei »Honey« oder gar Gorbatschow meidet? Vielleicht sollte er sich auch gelegentlich um die 2,3 Millionen Arbeitslose im eigenen Lande kümmern. Oder fällt ihm da, außer flotten Sprüchen, nichts ein?

Aber so streng, meinen seine Freunde, dürfe man dies nicht sehen. Schließlich war er Vorsitzender der Sozialausschüsse der CDU und ist ein artiger »Herz-Jesu-Sozialist«, der kleine Dicke mit der Nickelbrille. Er ist ja so bescheiden, fast so wie sein christlicher Glaubensgenosse *»Bruder Johannes«*, der seit Jahren Nordrhein-Westfalen mit absoluter Mehrheit regiert, aber ebenfalls – mit Ausnahme von flotten Sprüchen (so können sich der »Herz-Jesu-Sozialist« und »Bruder Johannes« die Hand reichen) – nicht weiß, wie er der Stahlkrise im Revier und der erdrückenden Arbeitslosigkeit begegnen soll. Ob beten hilft? Aber wer zuviel betet, vergißt die Arbeit.

Da ist der *»kleine Napoleon«* vom Saarland, so nennt man in Genossenkreisen den Ministerpräsidenten Lafontaine, schon von anderer Statur. Er weiß, wohin die linke Reise zu gehen hat, schließlich ist er der sogenannte Enkel von Willy Brandt, dem Vorsitzenden der Sozialistischen Internationale. Also Natur über alles, Kernenergie verbieten und möglichst viel sozialisieren, jedenfalls soweit dies noch die Sicherstellung der Ministerpensionen zuläßt. Daß übrigens Blüm, der »Herz-Jesu-Sozialist«, und Genosse Lafontaine, der »kleine Napoleon«, für die neue Serie von Gartenzwergen Modell gestanden hätten, hat sich als reine Infamie herausgestellt. Wohl gäbe es solche Darstellungen von hohen Politikern (z. B. Strauß, Kohl, Genscher), ein Verkaufshit sondergleichen, aber Blüm und Lafontaine seien in diesen Kreis der Auserwählten noch nicht aufgenommen worden. So bleibt ihnen nur die Hoffnung.

Deutlich machen

Es gehört sich in unserem Politchinesisch einfach nicht, zu sagen, was man will, was notwendig ist und wie etwas besser gemacht werden kann. Man macht »deutlich«! Es verpflichtet zu nichts, aber der »liebe Parteifreund, Kollege oder Wähler« weiß, die da oben haben sich etwas einfallen lassen. Denn »natürlich« vertreten sie unsere Interessen, wenn sie etwas deutlich machen, d. h. doch wohl, sie verdeutlichen etwas, legen den »Finger auf eine Wunde«, und es ist nur noch eine Frage der Zeit, die Sache in Ordnung zu bringen, vorausgesetzt, daß wir den »Deutlichmacher« wählen oder ihm zu einem einträglichen Posten verhelfen.

Wenn es hinterher sehr viel anders aussieht, so liegt das nicht am hochgehievten »Deutlichmacher« mit Pensionsberechtigung, sondern an den widrigen Umständen oder – das hört sich phantastisch an – an der »normativen Kraft des Faktischen« (auf deutsch: Tatsachen schaffen Recht).

Sicher ist da etwas dran. Es ist nun einmal ein Unterschied, ob man in der Verantwortung steht oder nur um des Kritisierens willen etwas »deutlich macht«. Aber um alles in der Welt, sollte es nicht gut sein, einfach zu sagen, was wie zu verbessern ist und verbessert werden muß und ggf. wie es finanziert werden kann? »Deutlich machen« genügt nicht. Das weiß jeder Familienvater, der aufgrund von Arbeitslosigkeit oder Kurzarbeit seiner Frau erklären muß, welche Einschränkungen haushaltsmäßig durchzustehen sind. Da hilft kein »Deutlich machen«.

»Deutlich machen« ist gut, die Realitäten sehen und daraus klare Folgerungen ziehen ist besser. Der Bürger wird es, wenn auch die Parlamentarier den Gürtel enger schnallen (anstatt ohne Gegenstimmen Diätenerhöhungen zu bewilligen), verstehen und billigen.

Die Gnade der späten Geburt

Es war Helmut Kohl, der derzeitige Bundeskanzler (1988), der bei einem Staatsbesuch in Israel diesen Begriff verwendete. Man hat ihn deshalb oft gescholten. Warum eigentlich? Schließlich hat er damit nur zum Ausdruck gebracht, daß man nicht immer und ewig die heutige und die späteren Generationen für die Verbrechen der Väter, insbesondere begangen an Juden, in Sippenhaft nehmen könne, zumal diese »Haftungsform« von den Nazis erfunden und vornehmlich nur noch in den sozialistischen Staaten (hier nimmt wohl die DDR eine Spitzenstellung ein) praktiziert werde.
Davon will natürlich der »Jüdische Weltkongreß« nichts wissen. Er hält nichts von Gnade. Auge um Auge und Zahn um Zahn ist die Devise. Und wer Nazi ist oder sich auf die »Gnade der späten Geburt« berufen will bzw. darf, bestimmt er allein. So einfach ist das. Und Waldheim, der derzeitige Bundespräsident von Österreich, kann ein Lied davon singen. Über 10 Jahre war er der höchste Repräsentant der UNO. Nun wird er vom »Jüdischen Weltkongreß«, nur weil er kleiner Offizier in der Wehrmacht war, zum Naziverbrecher gemacht. Wissen die Juden eigentlich, was sie damit anrichten? Wollen sie wieder den Antisemitismus hochpeitschen, mühselig erworbene Sympathien aufs Spiel setzen, oder was steckt dahinter?: die bevorstehenden Wahlen in Amerika vielleicht? Eine objektive und rational begreifbare Erklärung jedenfalls ergibt sich nicht.

Diäten

Wer Diät leben muß, ist gehalten, sich in seiner Lebensweise u. a. mit einer Schonkost zu begnügen, die nicht gerade geeignet ist, mit dem Essen besondere Lustgefühle zu verbinden. So gesehen müßten eigentlich die Diäten unserer Abgeordneten kaum Lustgefühle auslösen. Dem ist jedoch nicht so. Der Drang zum »diätengesicherten« Abgeordnetenmandat mit ungeahnten Pensionsanrechten ohne eigene Beitragsleistung hält unverändert an, zumal aus unerfindlichen Gründen nicht nur die Betätigung im Bundestag, sondern auch die Abgeordnetentätigkeit in den Landtagen mit entsprechend hohen »Diäten« außerordentlich begehrt ist und nach höchstrichterlicher Rechtsprechung als »Fulltime-Job« gilt.

Von »Diät« kann also kaum die Rede sein. Denn vielen übergewichtigen Abgeordneten würde es sicher nicht schaden, Diät zu leben und »abzuspecken«. Aber das wäre wohl zuviel verlangt. Es genügt, daß die Gesundheitsministerin den »mündigen Bürger hier und heute in diesem Lande« zu mehr Zurückhaltung in seinen Essens- und Trinkgewohnheiten anhält. Ob und inwieweit dies mit der weiteren Empfehlung, den außerehelichen Beischlaf wegen Aids einzuschränken, vereinbar ist, erscheint zweifelhaft. Denn Bewegung hat noch nie geschadet und baut Pfunde ab. Die in der Mehrzahl übergewichtigen Abgeordneten des Bundes und der Länder sowie unsere schwergewichtigen Minister (man denke nur an Kohl, Genscher, Strauß, Hiersemann, Blüm, Bangemann, Kiechle) betrifft dies selbstverständlich nicht. Insoweit gilt nach wie vor das geflügelte Wort: »Laßt dicke Männer um mich sein.« Welch ein Glück! Unsere Demokratie neigt den dicken Männern zu, die, wenn man den Medizinern und Psychologen glauben darf, von Natur aus gutartig sind. Wie schön für uns alle, auch wenn Arbeitsmediziner das Abspecken empfehlen. Aber das gilt wohl nicht für hohe Politiker, sondern nur für von arbeitsmedizinischen Diensten beglückte Arbeitnehmer und AOK-Mitglieder, denen Tausendsassa Blüm jetzt die Leviten lesen will.

Effektivität, Effizienz

Ein Politiker oder Funktionär, der etwas auf sich hält, spricht nicht mehr vom Nutzen, der Wirksamkeit einer Maßnahme, er spricht von Effektivität oder Effizienz oder findet dies und das effektiv, effizient bzw. ineffizient. Kumpel Anton oder der sogenannte Werktätige in der DDR weiß allerdings nicht, wie er eine als völlig ineffizient bezeichnete Maßnahme deuten soll. Entnimmt er der Gestik und der »gehobenen Stimme« des Sprechers, hier werde wieder einmal in seinem Sinne »Tacheles« geredet, tritt bei den Zuhörern der im vorhinein geplante »Doppeleffekt« ein, sie sind überzeugt:

1. Der da oben verwendet sich für mich und meine Interessen.
2. Wenn ein Mann so klug reden kann, weiß ich meine Sache in den besten Händen.

Unbeschadet dieser durchaus zulässigen Beeinflussung wird hier eine menschliche Schwäche sichtbar, die in der Tierwelt als »Imponiergehabe« bekannt ist. In diesem »tierischen« Bereich, was keineswegs abträglich gemeint ist, hat die Verhaltensforschung herausgefunden, daß insbesondere männliche Tiere vor der Paarung die Aufmerksamkeit des Weibchens durch Schmuckfarben (z. B. bei Fasanen) oder Drohstellungen (z. B. bei Kampffischen) auf sich zu lenken suchen.

Den Menschen als den höchstentwickelten »Säugetieren« ist diese Eigenschaft, wenn auch in verfeinerter Form, leider oder Gott sei Dank, erhalten geblieben. »Gott sei Dank«, weil so die Frauen, falls sie die Auswahl unter mehreren Bewerbern haben, aus dem »Imponiergehabe« der männlichen Primaten entsprechende Rückschlüsse ziehen können. Dabei kommt ihnen ihre natürliche Unbefangenheit und Klugheit zugute; sie schließen auch geistige und materielle Gesichtspunkte, also nicht nur die körperliche, potenzorientierte Lusterwartung, in ihre Beurteilung ein.

Politiker und Funktionäre imponieren wegen eines politischen Mandats, sie »hauen auf die Pauke«, um den Rivalen »aus dem Feld zu schlagen«. Sie diffamieren (= werten ab) auch wider besseres Wissen. Oder sie lassen – wie in der DDR – Massen mit ihren überlebensgroßen Konterfeis aufmarschieren. Da darf gejubelt werden. Das Ziel heiligt die Mittel. Der Gedanke, auf gut deutsch zu sagen, das ist gut (= wirksam) oder dies ist schlecht, weil unwirksam, bleibt auf der Strecke. Effektivität und Effizienz ist alles. Nur so kann man, ob hüben oder drüben, Apparatschik oder Parlamentarier, überleben.

Wie heißt es doch so schön: Das ist der Punkt.

Eiertanz und Müßiggang

Die Übertragung des Begriffs »Eiertanz« in unseren politischen Alltag war sicher nicht das Werk von Politikern, Funktionären oder Bürokraten; es war Volkesstimme.

Nach Brockhaus ist unter Eiertanz ein virtuoser (meisterhafter) Schautanz zwischen ausgelegten Eiern zu verstehen. Eier und Tanz spielen also die beherrschende Rolle.

Es darf angenommen werden, daß es sich bei Eiern vornehmlich um Hühnereier (gelegentlich auch »frische Bauerneier« genannt, was möglicherweise zu Fehldeutungen führen könnte) handelt. Der Zusatz »Tanz« läßt darauf schließen, daß Eier und Tanz zusammengehören. Der Tänzer muß beim »Eiertanz« versuchen, sich so zu bewegen, daß die auf der Tanzfläche verstreuten Eier keinen Schaden nehmen. Er muß also bestrebt sein, so zu tanzen, daß kein Ei beschädigt wird. Gelingt ihm das, ist er ein hervorragender Eiertänzer, weil er es verstanden hat, kein »Porzellan« zu zerschlagen.

So gesehen lassen sich in der Tat verblüffende Parallelen zu dem Verhalten unserer Politiker und Funktionäre ziehen. Sie müssen nämlich häufig zwischen dem, was sie eigentlich meinen, und dem, was ihre Organisation für richtig befunden hat, hin- und hertanzen. Sie sind echte Eiertänzer und sehen sich oft einer schier unlösbaren Aufgabe gegenüber. Aber hier zeigt sich, wozu ein echter Politprofi fähig ist. Er »eiertanzt«. Es gelingt ihm mühelos, einerseits die Basis zu befriedigen und andererseits den davon abweichenden Vorstellungen höheren Orts zu entsprechen. Insofern haben es die Eiertänzer in der DDR schwerer, weil ihre Variationsmöglichkeiten begrenzt sind und ohnehin niemand glaubt, was die Funktionäre verkünden.

Eine gewisse, nicht ganz reizlose Variante erfährt dieser Begriff im juristischen Bereich. Hier wird immer häufiger vom »juristischen Eiertanz« gesprochen. Nun sind Juristen zwar auch Menschen, aber, um Ludwig Thoma zu zitieren, »auch sonst von mäßigem Verstande«. Da ist sicher etwas dran. Andererseits ist ihnen die Fähigkeit nicht abzusprechen, den größten Schwachsinn für rechtens und ein noch so tiefschürfendes, sachlich berechtigtes Argument als völlig abwegig hinzustellen. Das hindert sie natürlich nicht daran, bei passender Gelegenheit genau das Gegenteil von dem mit Überzeugungskraft zu vertreten, was sie aus anderem Anlaß als der Weisheit letzten Schluß verkündet haben. Insofern unterscheiden sich Politiker eigentlich nicht von Juristen. Der »Eiertanz« gehört zu ihrem Beruf. Man denke nur an die Nürnberger Prozesse, wo entgegen fundamentalen Rechtsprinzipien der abendländischen Kultur (nulla poena sine lege, ne bis in idem) aufgrund rückwirkend gesetzter Rechte »Rechtshenkerorgien« (fotografiert und gefilmt) gefeiert werden konnten, während tausendfache Verbrechen vor (Dresden, Vertreibung) und nach Inkrafttreten dieser Gesetze (Afghanistan, Vietnam usw.) ungesühnt blieben. Wie heißt es beim Skat: Wer verliert, bezahlt! Auch dies ein Eiertanz. Oder mehr?

Da war weiland Konrad Adenauer aufrichtiger. Er scheute sich nicht, auf entsprechende Ungereimtheiten hingewiesen, offen und ehrlich im Parlament zu antworten: Was kümmert mich mein dummes Geschwätz von gestern. Wir müssen mit den Wölfen heulen.

Im übrigen, auch Adenauer war Jurist, aber wahrscheinlich – Ausnahmen bestätigen die Regel – von »hohem Verstande«, auch wenn er nicht gerade über einen umfangreichen Wortschatz verfügte.

Zu welchen hehren Taten im übrigen juristische Eiertänzer fähig sind, beweist ein Urteil des OLG Düsseldorf vom 3.1.1962 (Az.: 2 Sa 921/61), worin der Begriff des »Müßiggängers« eine erstaunliche Sinndeutung erfuhr. Dort heißt es nämlich, daß derjenige »als Müßiggänger anzusehen sei, der seine Tage mit keinerlei Tätigkeit ausfüllt, die unter welchen Gesichtspunkten auch immer als noch irgendwie sinnvoll angesehen werden könnte, sondern ausschließlich Unzucht treibt«.*)

Erfahrene und kluge Frauen gerieten, wie Meinungsforscher ermittelten, ob dieser Auslegung »aus dem Häuschen«. Denn Frauen haben Instinkt, und beneidenswerterweise haben sie sich ein natürliches Gefühl für die Vorgänge des Lebens bewahrt. Ihre Reaktion war verblüffend. Man hätte erwarten können, sie würden auf den Fehler hinweisen, der darin liegt, daß Müßiggang und Unzucht, wie das Gericht anzunehmen schien, nicht dasselbe sind. Weit gefehlt. Sie lächelten nur hintergründig und meinten, nach dieser Auslegung gebe es überhaupt keine Müßiggänger. Denn daß jemand ausschließlich Unzucht treibe und sonst nichts, sei unvorstellbar. Auf die Wiedergabe ihrer weiteren Ausführungen muß hier aus Gründen der Sittlichkeit, zumal sie mehr in den Bereich der Sexualwissenschaft (wofür z. Zt. Frau Ministerin Süssmuth im Rahmen ihrer Kondomwerbung zuständig ist) gehören und die natürlichen Grenzen menschlicher Potenz ansprechen, verzichtet werden. Was den Frauen besonders mißfiel, war der Begriff »ausschließlich«, weil in der Tat – Brockhaus kann es bezeugen – ausschließlich soviel wie »nur« bedeutet; und so war ihre Schlußfolgerung: Müßiggang im Sinne höchstrichterlicher Rechtsprechung gibt es nicht.

Tröstlich nur, daß trotz Rechtsprechung und juristischer Auslegung der Müßiggang weiterleben wird und auch diejenigen, die sich dem Müßiggang hingeben, die Müßiggänger also, nicht aussterben werden. Um nicht mißverstanden zu werden: Müßiggang im wahrsten Sinne des Wortes ist gemeint, hingegen nicht die von Juristen ge- oder erfundene und widersinnige Auslegung des herrlichen und beneidenswerten Zustandes »Müßiggang«. Denn Müßiggang in Form von Untätigkeit, Nichtstun, auch Faulheit, Muße und Beschaulichkeit ohne Arbeit, so wie diesen Begriff unsere Sprache versteht, wer könnte dies nicht guten Herzens bejahen? Arbeit und Muße schließen sich nicht aus. Ein Leben ohne Müßiggang wäre nicht lebenswert, auch wenn er, wie das Sprichwort sagt, der Anfang des Lasters sein kann. Das Leben hat seine Gefahren, selbst im Nichtstun. Trotzdem bekennen sich immer mehr Bürger mit Russell zum »Lob des Müßiggangs«. Auch Richter sollten daher, statt sich auf die Straße zu setzen und an Sitzblockaden teilzunehmen, gelegentlich müßiggehen, ohne Lüsternheit versteht sich. Denn Müßiggänger können rein wie Engel sein.

---

*) vgl. hierzu NJW 1962, S. 688, 1409 ff.

Elitär

Es war Helmut Schmidt, der frühere Bundeskanzler, der die haltlose, zum Teil bösartige und auch meist in einem unverständlichen Polit- und Soziologendeutsch geäußerte Kritik von jungen unausgereiften Besserwissern, meist Studenten, Jusos oder Judos, als elitäres Geschwätz bezeichnet hat.

Nun kann »elitär« eine zweifache Bedeutung haben und im positiven Sinne auch als »auserlesen« übersetzt werden. Einer »Elite« anzugehören kann eine Auszeichnung sein; so wird man z. B. die Mitglieder der Max-Planck-Gesellschaft oder eine Vereinigung von Nobelpreisträgern als Elite bezeichnen können. Bei den Mitgliedern unserer Parlamente ist dies schon schwieriger.

»Elitär« kann aber auch abwertend als hochmütig und überheblich gedeutet werden. Und in diesem Sinne hat wohl Schmidt mit Recht das bezeichnet, was an Erklärungen, Resolutionen und hochgestochenen Forderungen von Studentenverbänden und Jugendorganisationen verbreitet worden ist.

Schade eigentlich, daß heute »elitär« nur noch im negativen Sinne gebraucht wird. Fehlt der Mut, sich noch zur Elite zu bekennen, die sich durch Können, Sachkunde und geistige Überlegenheit auszeichnet? Denn wie können wir als kleines, mit Bodenschätzen wenig gesegnetes Land noch bestehen, wenn wir unsere geistigen Fähigkeiten im Kampf ums Überleben nicht voll einsetzen? Ohne Elite im besten Sinne ist das nicht zu machen.

Dennoch: Der Reformeifer sozialistischer Bildungsfanatiker ist ungebrochen.

Nicht elitär, sondern egalitär ist die Parole. Nach Möglichkeit soll jeder Abitur machen und studieren. Das Leistungsniveau in den Schulen sinkt. Die Professoren an den Universitäten raufen sich die Haare, weil viele Studierwillige weder Deutsch können noch das Rüstzeug für naturwissenschaftliche Fächer mitbringen. Rektoren von hohem Rang, die dies bemängeln, wird elitärer Hochmut vorgeworfen. Daß es für viele tüchtige junge Menschen mit praktischer Begabung besser ist, ein Handwerk zu lernen oder eine solide Lehre durchzumachen, wird bewußt verschwiegen. So werden, angeblich aus höheren gesellschaftlichen Gründen, mittelmäßige Akademiker produziert, die in Wirtschaft und Industrie keine Chance haben. Sie protestieren und demonstrieren daher, weil ohne Berufschance, auf Staatskosten, während Handwerker fehlen, die den Wasserhahn reparieren, eine Dachpfanne auswechseln oder eine Terrasse abdichten können.

Emanzipation

Eine Meinungsumfrage auf dem »Ku'damm« in Berlin, auf der »Kö« in Düsseldorf und auf der Limbecker Straße in Essen, aber auch im Zentrum von Bottrop hat »Erstaunliches« zutage gefördert. Nur wenige der befragten Frauen wußten damit etwas anzufangen. Viele meinten, es handele sich um etwas »Unanständiges«, also »Sex oder so«. Andere neigten zu der Auffassung, dies hinge irgendwie mit »Entwicklungshilfe« zusammen, und da würde ja ohnehin nur Steuergeld aus dem Fenster geschmissen (anstatt die über 2 Millionen Arbeitslosen von der Straße zu bringen). Es gab auch Stimmen, die darauf hinausliefen, Emanzipation habe etwas mit den »Grünen« zu tun, also mit der Forderung nach mehr Naturverbundenheit, nach Anbau von Gemüse und Obst ohne Zuhilfenahme giftiger Spritzmittel oder mit der Ablehnung von Atomkraftwerken.

Nur wenige der weiblichen Befragten wußten den Begriff richtig einzuordnen, nämlich in dem Sinne, daß Emanzipation die Befreiung aus einem Zustand der Abhängigkeit und eine rechtliche und gesellschaftliche Gleichstellung der Frau mit dem Mann bezweckt. Diese sprachlich an sich einwandfreie Deutung wurde von den meisten Frauen nur mit Erheiterung registriert. Ihnen entrang sich ein hintergründiges Lächeln mit dem Hinweis, das wäre ja ein tolles Stück, wenn sie zu Hause nicht mehr »das Sagen« hätten. Mein Mann mag zwar, so war es aus dem Munde der Frauen zu hören, weiter darüber befinden, wer der nächste Bundespräsident oder Bundeskanzler wird und wer demnächst in Bonn oder Düsseldorf regiert. Aber ansonsten: Das wäre ja noch schöner!

Wenn das Alice Schwarzer und Frau Süssmuth, z. Zt. Bundesministerin für Gesundheit und Familie, wüßten.

Entspannung durch Annäherung

Es war, wer erinnert sich nicht, Egon Bahr, der im Hinblick auf die Ostverträge dieses Schlagwort von der Entspannung durch Annäherung prägte.
Nun ist nicht zu verkennen, daß diese Formulierung sehr beeindruckend ist. Schließlich kann sich darunter jedermann etwas »Handfestes« vorstellen. Zweisamkeit in enger Tuchfühlung, was eine entsprechende »Annäherung« voraussetzt, ist sicher gut zur »Entspannung«. Wir nähern uns also dem auserwählten Partner (sprich Sowjetunion = UdSSR), und die Entspannung wird nicht ausbleiben. Die Frage ist nur, wie diese Annäherung bewirkt werden kann. Im »zwischenmenschlichen Bereich« ist das verhältnismäßig einfach. Mann und Frau, die Feuer gefangen haben und auf einem Sofa oder einer Bank sitzen, verringern allmählich den zwischen ihnen bestehenden Abstand. Sie rücken aufeinander zu. Und alles Weitere – Endziel: Entspannung – ergibt sich fast von selbst, vor allem wenn man nicht ohne Sympathie füreinander ist.
Wie soll das aber im »politischen Bereich« zwischen Staaten wie der UdSSR, der DDR und der Bundesrepublik Deutschland geschehen, die von völlig unterschiedlicher politischer und gesellschaftlicher Struktur sind? Soll die Bundesrepublik Deutschland z. B. die Herrschaft des Proletariats und die Planwirtschaft oder sollen die Sowjetunion und die DDR die freie Marktwirtschaft, die Freizügigkeit und den Parlamentarismus einführen? Oder von jedem etwas? Da sind wohl Zweifel nicht ganz auszuschließen.
Man sieht, so einfache Begriffe, auch wenn sie noch so schön und eindrucksvoll erscheinen mögen, können täuschen, wenn sie auf politische Tatbestände übertragen werden. Aber was macht das schon? Schließlich kommt es darauf an, eine Politik durchzusetzen, die, würde man sie beim Namen nennen, wahrscheinlich so überhastet und vertraglich unausgereift nicht durchsetzbar wäre. Dennoch ist nicht zu verkennen, daß sich inzwischen im Ost-West-Dialog einiges zum Positiven gewandelt hat. Aber müssen sich deshalb die z. Zt. in der Opposition befindlichen Spitzenpolitiker bei »Honey« (mit Blumen im Gepäck) die Türklinke in die Hand geben und ihm ihre alleruntertänigste Reverenz erweisen, während sie sogenannte Schreibtischtäter hier verteufeln? Oder ist »Honey« kein Schreibtischtäter (trotz Schießbefehl an der Mauer)?

Er hat sich um das Vaterland verdient gemacht

Es ist fast zur Regel geworden: Der Hauptredner des »Hohen Hauses« (Bundestag) beendet seine Rede aus Anlaß des Ablebens eines hohen Politikers mit dem Satz: »Er hat sich um das Vaterland verdient gemacht.« Nun gehört es sicher zu den Weisheiten der Antike, daß man über »Tote nur Gutes reden soll« (de mortius nil nisi bene). Die Todesanzeigen in unseren Tageszeitungen bestätigen dies in eindrucksvoller Weise. Menschen, die man gestern noch verachtet und beschimpft hat, werden zu Engeln. Daß diese weise Einsicht (die Gründe sind nicht schwer zu deuten) auch im politischen Bereich hehren Ausdruck findet, läßt hoffen. Auch Politiker sind Menschen, denen anscheinend nichts Menschliches fremd ist. Nur sollte eine Anregung erlaubt sein: Wäre es gelegentlich nicht besser, von veralteten Redensarten Abschied zu nehmen und statt dessen ein gutes, bescheidenes und dem zu »Ehrenden« angemessenes, persönliches Wort zu finden? Hohle Phrasen wirken auf die Dauer abstoßend. Ist es nicht bedrückend, an die vielen Reden und Anzeigen während des 2. Weltkrieges zu denken, in denen der sogenannte Heldentod von Soldaten mit der Phrase verklärt wurde, sie seien auf dem Felde der Ehre gefallen? Wer selbst das große Sterben in Rußland miterlebt hat, kann sich nur wundern, daß auch heute noch – wenn auch auf eine politische Oberschicht beschränkt – Lüge und Pathos nicht ausgestorben sind.

Aber noch ärger mit dem hohlen Pathos scheint es in der DDR auszusehen. Man schaue sich im Fernsehen nur die vielen Aufmärsche, Ehrungen und Kranzniederlegungen an und höre sich die Phrasen der Festredner an. Auch im Verleihen von Orden und Auszeichnungen für Verdienste zum Wohle des sozialistischen Vaterlandes haben die Genossen drüben die Nase vorn. Orden, Medaillen u. a. Auszeichnungen en masse für alles und jedes werden verliehen; z. B. der »Karl-Marx-Orden«, die Orden »Held der DDR« und »Held der Arbeit«, der »Vaterländische Verdienstorden«, der »Stern der Völkerfreundschaft«, die Auszeichnung »Fliegerkosmonaut der DDR«, das »Banner der Arbeit«, die »Verdienstmedaille der DDR«, die »Clara-Zetkin-Medaille«, die »Hans-Beimer-Medaille«, die »Medaille für die Teilnahme an den bewaffneten Kämpfen der deutschen Arbeiterklasse 1918–1923«, die »Medaille für Kämpfer gegen den Faschismus 1933–1945«. Davon gibt es natürlich noch Abstufungen aller Art, so wie beim Bundesverdienstkreuz, je nach Position und Einfluß. In jedem Falle, ob hüben oder drüben, sie haben sich um das Vaterland verdient gemacht.

Erdmöbel, Entbuschung u. a. sprachchinesische Perversionen drüben und hüben

Drüben

Die DDR, der sogenannte 1. deutsche Arbeiter- und Bauernstaat, die Deutsche Demokratische Republik also, weiß sich mit der BRD, der Bundesrepublik Deutschland, in einem einig: nämlich in der Bildung immer neuer, von Politikern und Bürokraten ausgeheckter Begriffe, die an Flach- und Schwachsinn nichts zu wünschen übriglassen.

So war es den Managern der DDR (der sogenannten »Intelligenzija« also) vorbehalten, Sargtischlereien (auch im real existierenden Sozialismus ist niemand unsterblich) in »PGH-Erdmöbel« (= Produktionsgenossenschaft Erdmöbel) umzubenennen. Aber das ist noch nicht alles, sondern erst der Anfang einer Reihe weiterer sprachchinesischer Absonderlichkeiten.

So gibt es in der DDR (beneidenswert) keine Rentner, sondern nur »Veteranen der Arbeit«, keine Konzerne, sondern nur »Kombinate«, keine Handelsgesellschaften, sondern nur »Volkseigene Betriebe«, keine Bullen, sondern nur »Vopos« (Volkspolizisten) und »Stasis« (Staatssicherheitsbeamte), keine Gummiadler oder Flattermänner (= gebratene Hähnchen), sondern »Broiler«, keine Luxusgeschäfte, sondern nur »Intershops und Delikatläden«, keine »Neue Heimat« (also Tausende von leerstehenden Wohnungen), sondern nur das »Neue Deutschland« (eine Zeitung ohne Leser), einen FDGB (= Freier Deutscher Gewerkschaftsbund) ohne Freiheit (was Genosse Breit von hüben bei seinen Besuchen drüben offenbar noch nicht aufgefallen ist). Und es gibt (leider) auch keine Engel mehr. Es sind »geflügelte Jahresendfiguren«. Und Pförtner sind »Mitarbeiter für Einlaßkontrolle«, und Müllsäcke sind »flexible, transportable Schuttgutbehälter« oder »Weichraumcontainer«. Auch Hausbriefkästen wurden umbenannt, nämlich in »Hauspostschließanlagen«. Auch Zollstöcke sind nicht mehr gefragt, sie heißen jetzt »Holzgliedermeßstäbe« und Kühe sind »rauhfutterverzehrende Großtiereinheiten« (wenn die das wüßten!). Schließlich gibt es auch keine Funktionäre, sondern »Apparatschiks«, keine Fußgängerzonen, sondern »Boulevards«, keine unbezahlten Überstunden, sondern »Friedensschichten«, keinen Müll, sondern »Abprodukte«, keine Geschäfte, sondern »HO-Läden« (= staatliche Läden der sogenannten Handelsorganisation), die meist nichts anzubieten haben, »was Frauen wünschen«, keine

Arbeitnehmer, sondern »Werktätige«, keine Kriegsdienstverweigerer, sondern »Bausoldaten«, keine Wäschereien, sondern staatlich gelenkte »Wäschestützpunkte«, und schließlich gibt es auch noch das »reisefähige Alter«, worunter ein Alter verstanden wird, das es den DDR-Bürgern erlaubt, in den Westen zu reisen (Männer mit 65 Jahren und Frauen mit 60 Jahren).

Nun wäre es sicher ungerecht, diesen sprachlichen Flach-, Schwach- und Irrsinn allein auf die Bürokraten und Politokraten »drüben« beziehen zu wollen. Wir »hüben« sind insoweit auch nicht von schlechten Eltern:

Hüben

Natürlich besteht ein Unterschied zwischen den irren Wortschöpfungen drüben und hüben. Das liegt sicher an den unterschiedlichen Gesellschaftsstrukturen. So ist das, was in der DDR vorrangiges Interesse findet (Konsum, Westreisen, freie Presse usw.), für Bürger der Bundesrepublik völlig uninteressant. Sie haben's ja. Daher sind auch die sprachchinesischen Eiertänze recht unterschiedlich. Im Prinzip aber unterscheiden sich Ost und West nicht, nur die Probleme und damit die sprachlichen Torheiten sind von anderer Art, beziehen sich naturgemäß auf andere Themen, denn: hier der kapitalistische Wohlfahrts- und Superstaat, dort der nach Bananen (Konsum insgesamt) lechzende Arbeiter- und Bauernstaat. Das hat Folgen, auch im Sprachchinesisch. So sind die flach-, schwach- und irrsinnigen Wortschöpfungen hüben weniger politisch bzw. gesellschaftspolitisch, dafür aber ebenso blödsinnig. Und das läßt hoffen, schon im Interesse der Einheit der Nation.

Dazu nur wenige Beispiele von hüben:

Da heißt es in amtlichen Verlautbarungen u. a., eine »Entbuschungsaktion« sei vonnöten (es müssen also Büsche – aus welchen Gründen auch immer – beseitigt werden), eine »Berasung« müsse erfolgen (es soll also Rasen angesät werden), »abgeschlossene geschlechtsbezogene WC-Anlagen« (auf deutsch: Damen- und Herrenklos) seien erforderlich, »Parkierungsmöglichkeiten« bedürften der Ausweitung (gemeint ist schlicht: mehr Parkplätze für Autos), eine »bachbegleitende Vegetation« sei aus ökologischen Gründen, auch im Interesse des Landschaftsschutzes, das Gebot der Stunde (gemeint ist lediglich, den Bach in Ruhe zu lassen und nicht in einen Kanal umzuwandeln).

Nun weiß jeder, daß diese nur beispielhaft erwähnten sprachlichen Eiertänze der Politokraten und Bürokraten nur die berühmte Spitze des Eisbergs darstellen, hüben wie drüben. Man darf also auf weitere Wortschöpfungen gespannt sein.

Es gibt keine Alternative

Unser politischer Alltag wird, wenn man hohen Politikern glauben darf, in zunehmendem Maße von der traurigen Feststellung beherrscht, es gäbe keine Alternative. Da wird beispielsweise von höchster Warte verkündet:

Zur Ostpolitik,
zur Entspannungspolitik,
zur Energiepolitik,
zur Berlinpolitik,
zur Familienpolitik,
zur Steuerpolitik,
zur Westpolitik usw. usw.

gäbe es keine Alternative.

Darüber hinaus wird von hohen Politikern im Brustton der Überzeugung festgestellt, es gäbe auch keine Alternative

zur jeweiligen Regierung,
zu den öffentlichen Rundfunk- und Fernsehanstalten,
zu einem humanen Strafvollzug,
zur Terrorbekämpfung,
zum zivilen Ungehorsam, einem ungezügelten Demonstrationsrecht,
zur Entschärfung des Straßenverkehrs usw. usw.

Das klingt aus dem Munde hoher Regierungs- und Parteivertreter natürlich sehr eindrucksvoll, insbesondere dann, wenn der Regierungssprecher diese Weisheiten in Pressekonferenzen verkündet, zumal er dies in einer Weise darzustellen versteht, daß man als kleiner Fernsehzuschauer oder Radiohörer den Eindruck gewinnen muß, so und nicht anders ist das. Der ernste Blick des dozierenden Regierungssprechers (immerhin im Range eines Staatssekretärs mit Besoldungsgruppe B 11 = ca. DM 15.000,– im Monat, ohne Nebeneinkünfte) und die belehrende Art der Darstellung tun ein übriges. Der diesen Ergüssen lauschende Bürger ist entzückt. Donnerwetter, sagt er sich, der Mann hat recht, da gibt es wirklich keine Alternative.

Kritische und daher nicht immer gern gesehene Bürger, die darauf hinweisen, daß die Verneinung jeglicher Alternativen völliger Unsinn sei, werden mit Mißtrauen betrachtet. Es hilft ihnen nicht, wenn sie – in äußerster Bescheidenheit versteht sich – darauf

hinweisen, daß »Alternative« ja gerade die Entscheidung zwischen mehreren Möglichkeiten bedeute und es nach den Erfahrungen des täglichen Lebens schließlich immer mehrere, zumindest aber 2 Entscheidungsmöglichkeiten zu einer Sache gäbe, und weshalb dies bei Politikern nicht gelten solle. Welcher Hausfrau fällt es beim Kauf von Waschmitteln schon ein zu sagen, zu Sunil oder Persil gäbe es keine Alternative. Sie probiert es aus und entscheidet sich. Politiker sind da offensichtlich von anderer Art. Vielleicht nur vergleichbar mit einem zu allem entschlossenen Ehewilligen, für den es zu Frieda, der Auserwählten, keine (noch nicht) Alternative gibt. Denn Liebe macht blind. Versucht man Politiker mit diesem Beispiel aus der Reserve zu locken, kommt nichts heraus. Sie sind blind und stellen sich taub.
Die Erfahrung lehrt: Solch kritische Fragen sollte man Politikern nicht stellen. Sie haben – und das ist ihr Schicksal – keine Alternative! Denn wer stellt schon in der freien Wirtschaft einen nicht wiedergewählten, meist echter Arbeit entwöhnten Politiker ein? Ein Glück, daß es inzwischen die Alternativen gibt. Sie lehnen alles ab, was unseren sozialen und demokratischen Rechtsstaat groß gemacht hat. Was sie an seine Stelle setzen wollen, wird nicht verraten. Wenn das keine Alternative ist! Da haben es unsere »Brüder und Schwestern« in der DDR besser. Für sie gibt es ohnehin keine Alternativen. Ob sie den »Trabbi« (= Auto) nach 10 Jahren Wartezeit in blau oder rot erhalten, ist ihnen völlig gleichgültig. Ist das nicht herrlich, und sind sie im Grunde nicht zu beneiden?

Eskalation, eskalieren

Obwohl diese Begriffe nicht mehr und nicht weniger als Steigerung, steigern oder Ausweitung, ausweiten und eine stufenweise, immer stärkere Steigerung bedeuten, wird von Politikern immer häufiger von Eskalation und eskalieren gesprochen. Eigentlich schade, weil über 80 % unserer sogenannten »mündigen Bürger« (sprich Wähler) nicht wissen, was eigentlich unter »Eskalation« zu verstehen ist. Aber es hört sich schon gut an, wenn ein hochdotierter Politiker ausruft: »Es gibt keine Alternative – eine Eskalation, die zum kalten Krieg führt, muß verhindert werden!«

Wie primitiv würde es dagegen klingen, wenn derselbe Politiker sagte: »Wir können die Sache nicht durch weitere Forderungen überspitzen (Wehner pflegte in derartigen Fällen von »Draufsatteln« zu sprechen), wir haben nur diese Möglichkeit, weiter miteinander auszukommen.« Nein, so einfach geht das nicht.

Also »eskalieren« wir auch fernerhin. Wer so spricht, verrät politischen Scharfsinn. Und er hofft, wiedergewählt zu werden. Schließlich ist produktive Arbeit ein hartes Brot.

Es war ein nützliches Gespräch

»Nützliche Gespräche« finden vorwiegend in fernen Ländern statt. Da fahren sie, die Abgeordneten aller Länder und der Kommunen, auf Kosten der »öffentlichen Hände« (sprich Steuerzahler) nach Thailand, Australien, Afrika, Süd- und Nordamerika, Israel, aber auch in die sozialistischen Länder (UdSSR, China, Polen, Ungarn, Rumänien, Jugoslawien, Tschechoslowakei), um an Ort und Stelle den Parlamentarismus, die Infrastruktur (= wirtschaftlicher und organisatorischer Unterbau einer hochentwickelten Wirtschaft), die öffentlichen Verkehrsmittel, soziale Einrichtungen und vieles mehr zu studieren. Von dieser Reiselust sind offenbar alle Würdenträger (Papst und Bundespräsident eingeschlossen) ergriffen. Auch Strauß (CSU) und Späth (CDU), Mischnik (FDP) und die Grünen sind mit von der Partie. Ein besonderes Glücksgefühl und Erfolgserlebnis schien im Mai 1987 SPD-Vogel (dem neuen großen Vorsitzenden) zuteil geworden zu sein. Er lächelte in trauter Zweisamkeit mit Honey nicht nur – wie üblich – in die Kamera, sondern schwenkte gar einen Blumenstrauß. (Als besonderes Zeichen der Zuneigung oder als »letzten Gruß« für die am »antifaschistischen Schutzwall« erschossenen »Brüder«?)

Dennoch: Reisen müssen sein. Schließlich partizipieren auch die kleinen Steuerzahler davon. Die Weitgereisten berichten, machen deutlich und können im Fernsehen bewundert werden. Man denke nur an den kleinen Dicken mit der Nickelbrille, Norbert Blüm, der sich um 14 Chilenen sorgt, aber für über 2 Millionen Arbeitslose im eigenen Land keine Zeit hat.

Nach anstrengenden Wochen zurückgekehrt, verkünden sie den an den Flugplätzen wartenden Journalisten, wie nützlich dies alles gewesen sei. Natürlich war es nützlich, zumindest für die Reisenden. Denn wer kann sich schon solche Unternehmungen privat leisten? Oder will man ernsthaft behaupten, man habe in Hongkong oder Sambia wertvolle Erkenntnisse für den U-Bahn-Bau in Wanne-Eickel, Castrop-Rauxel oder Zuffenhausen gewonnen? Das könnte allenfalls auf »Ortsbesichtigungen« von »öffentlichen Häusern« (nicht zu verwechseln mit »öffentlichen Händen« oder »öffentlichen Körperschaften«) in Bangkok zutreffen, wenn man davon ausgeht, daß wir insoweit noch »Entwicklungsland« sind. Aber, so fragt sich der unbefangene Betrachter, müssen wir wirklich in punkto »Sex« noch etwas hinzulernen, wo dies doch schon in unseren Schulen als Pflichtfach gelehrt wird? Oder haben die von Fernweh geplagten »Staatsreisenden« einen Nachholbedarf?

Fachidioten

»Fachidioten« sind Menschen, die aufgrund ihrer Ausbildung, ihrer Fähigkeiten und ihrer Erfahrung von »ihrem Fach« sehr viel verstehen, wie im Bereich der Bildung, der Technologie, der Wirtschaft, der Finanzen, der verschiedenen Geisteswissenschaften usw. Im Gegensatz hierzu wissen Politiker und Funktionäre von alledem nichts oder nur wenig, auch wenn sie häufig darüber reden.
Nun haben Fachidioten die Eigenheit, daß sie ihr spezielles Gebiet, welches sie beherrschen, als das einzig »Wahre und Wesentliche« anzusehen geneigt sind. Diese Gefahr besteht bei Politikern nicht, weil ihre Fachkenntnisse im allgemeinen gering sind. Sie brauchen daher die Fachidioten. So entsteht eine Symbiose (= Zusammenleben verschiedener Lebewesen zu gegenseitigem Nutzen), die im Politgeschäft unentbehrlich ist.
Die Vorstellung, daß ein Fachminister in seinem Fach bewandert sein sollte, ist ohnehin abwegig. Dies kommt zwar gelegentlich vor, aber die Ausnahmen bestätigen die Regel. Wie wäre es sonst zu erklären, daß jemand heute als Finanzminister, morgen als Verteidigungsminister oder ein bislang gestandener Innenminister übermorgen als Außenminister tätig wird? Es ist schon etwas Wahres dran! Wer dank seiner Sachkunde selbst arbeitet, verliert die Übersicht. Auch kann es offensichtlich nur von Schaden sein, wenn ein Verteidigungsminister Soldat war, ein Finanzminister seine Steuern berechnen kann, ein Innenminister Jurist ist, ein Sozialminister Sozialversicherungsbeiträge zahlt, ein Landesvater (Ministerpräsident) Frau und Kinder hat und ein Familienminister eine große Familie unterhält.

Feministinnen

sind Menschen weiblichen Geschlechts, die es sich zum Ziel gesetzt haben, die bestehende üble Männerherrschaft durch die der Frau abzulösen. Sie wissen offensichtlich mangels Erfahrung nicht, daß dieses Problem – Ausnahmen bestätigen die Regel – lang gelöst ist und der Schuß leicht nach hinten losgehen könnte: Die Männer wachen durch solches Gerede auf, wollen emanzipiert werden, dem Ehejoch entrinnen und endlich Freiheit genießen. Sie könnten auf die Idee kommen, nach Gleichberechtigung zu streben. Welcher Mann, aus egoistischen Gründen, versteht sich, wäre nicht dafür? Aber ihre Frauen, die würden dann wohl ganz andere Saiten aufziehen. Schon Sokrates wußte ein Lied davon zu singen.
Nun streben die Feministinnen nicht nur danach, die Männer zur Hausarbeit aller Art einschließlich Babypflege zu verdonnern. Sie möchten auch den visuell veranlagten Männern jegliche Lustgefühle, die sie beim Anblick sparsam bekleideter oder gar nackter Frauen edlen Wuchses befallen, austreiben. So hat zum Beispiel Alice Schwarzer mit Inge Meysel (der sogenannten bundesdeutschen Landesmutter) an der Spitze gegen den »Stern« prozessiert, weil dessen Titelseiten gelegentlich attraktive weibliche Nakkedeis zierten. Dies würdige die Frauen zu reinen Lustobjekten herab. Nachdem dieselbe Zeitschrift dazu überging, proporzgemäß auch splitternackte Männer abzubilden, wurde die in 1. Instanz abschlägig beschiedene Klage trotz gegebener Rechtsmittel nicht fortgeführt. Offensichtlich sahen die Feministinnen damit ihr Streben nach Gleichberechtigung als erfüllt an. Nun haben auch die Männer Grund zum Frohlokken: Sie können sich ebenfalls als Lustobjekte fühlen. Und welcher Mann läßt sich nicht gern von einer Frau (es muß ja nicht Alice Schwarzer sein) als Lustobjekt in die Rückenlage lancieren, obwohl diese Stellung von den Feministinnen bei Frauen als Akt der Demütigung angesehen wird. Damit wäre auch der Vorwurf aus der Welt, die Unterwerfung der Frau und das ungehemmte Herrschaftsstreben der Männer manifestiere sich bereits bei der Pflege des üblichen Beischlafs.

Festschreiben / Fortschreiben

Begriffe wie »festlegen« und »feststellen« sind gängig und jedermann verständlich. Neu ist, daß Politiker (Funktionäre aller Art eingeschlossen) immer mehr davon reden, irgend etwas müsse »fortgeschrieben« oder »festgeschrieben« werden.
Wer glaubt, auf eine bedauernswerte Bildungslücke gestoßen zu sein, weil er sich unter fest- und fortschreiben nichts vorstellen kann, irrt.
Befragt man Abgeordnete, die ständig etwas »fest-« oder »fortschreiben« und es ja wissen müßten, bleiben klärende Worte meist aus. Schließlich muß man verstehen, daß kritische Fragen ohnehin ungern beantwortet werden und daß der berühmte Dialog zwischen Bürgern und Abgeordneten nur kurz vor Wahlen stattzufinden pflegt.
So ist der nach Aufklärung strebende Bürger wieder einmal ganz auf sich selbst angewiesen, zu deuten, was die Politiker möglicherweise mit »fest- und fortschreiben« ausdrücken wollen. Naheliegend wäre:

> Wer etwas »festschreibt«, beharrt auf dem Bestehenden.
> Wer etwas »fortschreibt«, beharrt zwar auch auf dem Bestehenden, nur meint er, daß das Bestehende »im Wandel der Zeit« fortzuentwickeln, auf den neuesten Stand zu bringen ist.

So einfach ist das also!? Und warum sagt man das nicht, sondern »schreibt fest« oder »fort«?
Nun denn, wo kämen wir hin, wenn alle alles verstünden? Und was würde wohl der Bürger denken, wenn ihm einfach bedeutet wird: Es bleibt alles beim alten, oder alles neu macht der Mai, basta. Nein, so kann sich ein Politiker nicht »artikulieren« (= ausdrücken), er »schreibt fest« oder »fort«.

Filzokratie

ist eine geniale Wortschöpfung unserer Tage. Sie gehört daher zu den wenigen, die sicher nicht von Politikern und Funktionären oder ihren Ghostwritern erfunden worden ist. Denn mit dem Begriff »Filzokratie« wird ein Zustand beschrieben, der nicht nur die unsachgerechte, weil ausschließlich nach Parteizugehörigkeit ausgerichtete Besetzung hoher und gutbezahlter »öffentlicher Ämter« geißelt – sei es im Staat, in Kommunen, Rundfunkanstalten, Landesbanken usw. –, er umschreibt auch die unselige Verquikkung von Partei- und Staatsamt, die darauf hinausläuft, daß der Amtsinhaber nicht mehr frei, d. h. ausschließlich dem Gemeinwohl und seinem Gewissen verpflichtet, handeln kann. Er muß Rücksicht nehmen auf die, die ihn in Amt und Würden gebracht haben. Er muß auch darauf bedacht sein, seine Amtszeit zu einträglichen Geschäften zu nutzen, weil seine berufliche Qualifikation im freien Wettbewerb nur selten zur Existenzsicherung ausreicht. »Nehmen ist seliger denn Geben« bestimmt sein Handeln. So wird er, was menschlich verständlich ist, zum waschechten »Filzokraten«. Das Amt wird »Mittel zum Zweck«. Er muß sehen, wie er »sein Schäfchen ins trockene bringt«.
Im Grunde genommen leben wir also in einer Filzokratie, und zwar hüben wie drüben. Denn jedermann weiß, daß bei der Besetzung von Spitzenpositionen im Bereich der »öffentlichen Hand« nicht vornehmlich Sachkunde, Intelligenz, Organisationstalent, Durchsetzungsvermögen und persönliche Tugenden gefragt sind, der politische Anstrich hingegen entscheidend ist. Ihr Wesen (nur Uneinsichtige sprechen von Unwesen) wird auch dadurch gekennzeichnet, daß die zu Amt und Würden gekommenen Filzokraten ihren Gönnern (meist sind es Parteien und andere verwandte Organisationen) ohne Notwendigkeit und sachliche Berechtigung Vorteile aller Art zuschanzen.
Nun sollte wegen der filzokratischen Besetzung von finanziell reizvollen Pöstchen mit Nichtsachkundigen nicht an der Funktionsfähigkeit der ohnehin meist unnützen Ämter gezweifelt werden. Schließlich gibt es Fachidioten, die noch einigermaßen erträglich »das Haus bestellen«. Die Menschheit hat gelernt, mit der Atombombe zu leben. Sie wird auch die »Filzokratie« verkraften. Ein Gutes hat die Sache: Unsere Kinder werden nicht mehr darüber nachzudenken haben, was Aristokratie, Plutokratie, Theokratie, Autokratie und Demokratie sind. Sie werden es einfacher haben:
Filzokratie beherrscht Staat und Gesellschaft. Und dabei wird es bleiben.

Flagge zeigen

Die meist an den politischen Gegner gerichtete Forderung, endlich »Flagge zu zeigen« (in eine ähnliche Richtung weist die Aufforderung »Roß und Reiter zu nennen«), gibt Rätsel auf.

Ältere Zeitgenossen werden sich in diesem Zusammenhang möglicherweise an ihre Arbeitsdienstzeit im 3. Reich erinnern, wo sie allmorgendlich nach dem Genuß von »Muckefuck« (= kaffeeartiges Getränk einschließlich Sodaeinlage), in Reih und Glied angetreten, in strammer »Habt-Acht-Stellung« das heilige Ritual des »Flaggenhissens« über sich ergehen lassen mußten. Das von einem Feld- oder Oberfeldmeister verkündete Kommando lautete: »Heißt Flagge!« Weshalb es »heißt« und nicht »hißt« heißt oder hieß, wer mag das schon verstehen.

Was bleibt, ist ein ungutes Gefühl in bezug auf Flaggen überhaupt. Nun sind Flaggen an sich nichts Unanständiges, sondern an Leinen befestigte Fahnen, die sich hoch- und niederziehen und bei traurigen Anlässen »auf Halbmast« setzen lassen.

Während nun die Begriffe wie »Flagge streichen« (= man gibt auf) und »unter falscher Flagge segeln« (= Täuschungsmanöver) noch nicht Eingang in die Politsprache gefunden haben (welcher Politiker gibt schon auf oder gibt zu, vor den Wahlen unter falscher Flagge gesegelt und die Wähler getäuscht zu haben), wird der Begriff »Flagge zeigen« in politischen Auseinandersetzungen reichlich strapaziert. Nun sind zwar Flaggen dazu da, gezeigt zu werden, denn eingerollt, im Keller verwahrt, verlieren sie ihren Sinn. Es wäre daher töricht, die Aufforderung, Flagge zu zeigen, wörtlich zu nehmen.

Es blieb unseren Politikern vorbehalten, insoweit völlig neue Vorstellungen zu entwickeln. Mit der Aufforderung, »Flagge zu zeigen«, verbinden sie den Anspruch, endlich die Wahrheit zu sagen oder die »Katze aus dem Sack zu lassen«. Das würde zwar jeder verstehen, aber zu fordern, »Flagge zu zeigen«, noch dazu, wenn das Fernsehen eingeschaltet ist, klingt doch nach etwas.

Welch große Bedeutung beispielsweise das Bundesministerium des Innern dem Flaggehissen (nicht Flaggezeigen) beimißt, zeigt der folgende per Schnellbrief vom 20.3.1979 – V 17 – 111062 – 1/3 – allen Behörden zur Kenntnis gebrachte Erlaß:

> *»Entsprechend der Entschließung (64) 16 des Ministerkomitees des Europarates bitte ich, wie in den Vorjahren, auch am 5. Mai 1978 (Europatag) die Dienstgebäude des Bundes zu beflaggen. Soweit möglich ist neben der Bundesdienstflagge*

auch die Flagge des Europarates zu setzen; dabei gebührt der Europaflagge die bevorzugte Stelle. Sie ist mithin – vom Innern des Gebäudes oder der Anlage mit Blick zur Straße gesehen – rechts zu setzen.«

Daß die Ausführung dieses Erlasses trotz aller Perfektion auch zu Schwierigkeiten geführt hat, sei nicht verschwiegen.

So ergaben sich beispielsweise nahezu unlösbare Probleme bei Behörden, deren Amtsgebäude an Kreuzungen oder im Schnittpunkt von 2 oder 3 Straßen liegen. Denn das, was mit Blick zu der einen Straße rechts war, erschien mit Blick auf die andere Straße als links usw. In diesen Fällen blieb den Behördenchefs nur ein Ausweg: Sie ordneten nach Anbringung zusätzlicher Fahnenstangen einen stündlichen Flaggenwechsel an. Ob nicht nur am 5. Mai (Europatag), sondern auch am 8. Mai (Tag der bedingungslosen Kapitulation oder der Befreiung?) künftig zu flaggen ist (Vollmast oder Halbmast), wird – um eine, wenn auch in einem anderen Zusammenhang gemachte Bemerkung Gorbatschows anläßlich des Besuchs des Bundespräsidenten von Weizsäcker in Moskau (Juli 1987) zu zitieren – die Geschichte entscheiden. Übrigens bezog sich Gorbatschows Bemerkung auf die von vielen Politikern hier schon als erledigt abgehakte, d. h. nicht mehr als offen angesehene deutsche Frage und die von vielen schon angezweifelte Einheit der deutschen Nation. Russen denken offenbar weiter und in größeren Zeiträumen als manche unserer klugen Politiker hier. Man denke nur an einige Reden, die alljährlich aus Anlaß des 17. Juni, dem Tag der deutschen Einheit, gehalten worden sind, an die des Altbundespräsidenten Scheel z. B. oder die des letzten (1987) Festredners Stern, extra aus Amerika eingeflogen. Da wurden Offenbarungseide in bezug auf die deutsche Einheit und die Hoffnung der Menschen hüben und drüben auf Wiedervereinigung geleistet.

Flexibilität, Relevanz und Transparenz

Welcher Politiker kann es sich schon leisten, so hat es jedenfalls den Anschein, nicht von Transparenz, Relevanz und Flexibilität zu sprechen? Der Bürger registriert dieses je nach Stimmungslage, Bildungsgrad oder angesichts trüber Erfahrungen mit der Obrigkeit mit Entzücken, Mißfallen, Unsicherheit oder gar mit Entsetzen. Kritische Leute fragen, weshalb denn Politiker nicht auf deutsch sagen, was sie meinen und wollen. Denn, so ihre Sorge, nicht jeder Bürger ist mit Fremdwörtern vertraut. Auch sollte ihnen nicht zugemutet werden, ständig mit einem Fremdwörterbuch unterm Arm herumlaufen zu müssen. Daß Flexibilität lediglich Beweglichkeit, Relevanz Wichtigkeit und Transparenz Durchsichtigkeit (das wollen jetzt sogar die Russen, sie nennen es »Glasnost«) bedeutet, den Politiker ficht es nicht an. Er pocht weiterhin auf Flexibilität, Relevanz und Transparenz. Das hört sich dann so an:

Der Innenminister:

»Ich werde dafür sorgen, daß beim Abhören von Telefongesprächen künftig keine Transparenz obwaltet« (obwalten ist immer gut – es läßt an Naturereignisse denken).

Der Energieminister:

»Es kommt darauf an, daß wir in der Energieversorgung ein hohes Maß an Flexibilität beweisen, d. h. Energie schon, aber nicht um jeden Preis.« (Weshalb sagt er nicht, daß eine warme Stube auch künftig wesentlich von der Nutzung der Kernenergie abhängt?)

Der X-, Y-, Z-Minister:

»Wir können die 80er Jahre nur überstehen, wenn wir verstehen, die wirklich relevanten Probleme unseres sozialen und wirtschaftlichen Lebens mit äußerster Effektivität optimal zu lösen.« (Warum sagt er nicht: Dies und das ist wichtig und läßt sich nur meistern, wenn wir »klotzen statt kleckern«?)

Nun ließen sich die Aussagen dieser Art beliebig fortsetzen. Schließlich gibt es keinen Minister (und davon haben wir im Bund und den Ländern über 120), der nicht wiedergewählt werden möchte und uns daher alle Glückseligkeiten dieser Erde verheißt, vorausgesetzt natürlich, er bleibt. Gelegentliche Unmutsäußerungen aus ministeriellem Munde, gar mit der Drohung des Rücktritts verbunden, sind, um es juristisch auszudrücken, keine ernst zu nehmenden Willenserklärungen.

Föderalismus

Die Meinungsforscher sind schon clevere Leute. Da fragten sie in Bottrop, Gelsenkirchen, Castrop-Rauxel und Wanne-Eickel Leute auf der Straße, was sie vom Föderalismus hielten. Nun, meinten die meisten, es könne ja nicht schaden, daß etwas – was auch immer – zu Nutz und Frommen gefördert werde. Es liege ja ohnehin vieles im argen. So z. B., daß man über 8 Milliarden Entwicklungshilfe leiste, aber für die 2,3 Millionen Arbeitslosen hier nur ein müdes Lächeln habe. Erklärte man ihnen allerdings, daß Föderalismus ausschließlich etwas mit unserem Staatswesen zu tun habe, nämlich in dem Sinne, daß nach dem Grundgesetz (Art. 20, 28, 30) die Bundesrepublik ein Bundesstaat sei, der aus 11 Ländern bestehe (Bayern, Niedersachsen, Schleswig-Holstein, Hamburg, Bremen, Hessen, Rheinland-Pfalz, Nordrhein-Westfalen, Saarland, Baden-Württemberg und Berlin-West), kommt Unmut auf. Wieso eigentlich, meinten viele, genüge es nicht – wenn Deutschland schon geteilt ist –, sich im Westen mit einem Staat zufriedenzugeben. Denn Bonn allein koste ja schon genug. Nun auch noch die Länderparlamente mit den vielen hochbezahlten Ministern, z. Zt. sollen es über 120 sein, so daß von Helmstedt bis Bonn alle 3 km 1 Minister aufgestellt werden könnte. Muß das sein, fragen sich die Kumpel im Revier und die gebeutelten Steuerzahler, zumal die Minister ohnehin nichts zustande bringen, im Gegenteil, alles nur komplizieren.
Davon können Väter, die aus beruflichen Gründen von einem Land in ein anderes der Bundesrepublik wechseln müssen, ein Lied singen. Die Kinder müssen es ausbaden. Die Kulturhoheit der Länder macht's möglich: Selbst begabte Schüler verkraften den Umzug nicht, sie fallen in der Schule zurück.
In anderen Bereichen ist es nicht anders. Denn die Länder haben nach unserem (maßgeblich von den Westalliierten vorgeschriebenen) Grundgesetz die Kompetenz für alle wesentlichen Bereiche, Außenpolitik und Verteidigung ausgenommen. Und, was aufhorchen läßt, dieser Artikel über den Föderalismus gehört zu denen, die auch mit Zweidrittelmehrheit nicht abänderbar sind. Denn mit einem einheitlichen Weststaat (Made in Germany), fürchteten die Westalliierten zu Recht, würden die Deutschen den westlichen Industriestaaten auf dem Weltmarkt (trotz Teilung) noch mehr »die Butter vom Brot nehmen«. Daher Föderalismus – wie bisher – bis zum Exzeß. Dennoch ist es ein schönes Gefühl, wenn man von Kiel bis München durch mehrere Bundesländer noch ohne Kontrolle fahren darf. Da spürt man den »Duft der großen weiten Welt«.

Fraktionszwang / Machtergreifung / Personenkult

Ältere Zeitgenossen erinnern sich nur ungern an die »Machtergreifung« im Jahre 1933 durch die Nationalsozialisten. Hitler hat diese »Machtergreifung« in seinen Reden stets als Beginn eines neuen Zeitalters gefeiert. Die Folgen sind bekannt. Mit der Machtergreifung begann die Gewalt, die absolute Herrschaft. Natürlich läßt sich der Begriff »Macht« auch weniger dramatisch in »Kraft und Einfluß« übersetzen. Nur: »Gebrannte Kinder scheuen das Feuer!« Daher ist zu fragen, weshalb in unserem sozialen Rechtsstaat diese unselige Vokabel von hohen Politikern weiter so unbefangen gebraucht wird.

Zu beklagen ist auch der sogenannte Fraktionszwang, den angeblich Parteidisziplin und Solidarität im Interesse der Funktionsfähigkeit des Parlaments erfordern. Auf diese Weise werden nicht nur die Abstimmungsergebnisse vorprogrammiert, sondern auch die Bundestagsdebatten abgewertet. Apropos Parteidisziplin: Da kann ein Oppositionsredner noch so kluge, glänzende und überzeugende Vorschläge machen; selbst wenn sie auch der Koalition aus dem Herzen gesprochen sind, auf den Bänken des politischen Gegners regt sich keine Hand zum Beifall. Umgekehrt ist es genauso. Es herrscht eisiges Schweigen. Das ist selbst bei parteiübergreifenden Themen, so in Fragen nationaler Selbsterhaltung, der Fall. Warum eigentlich? Entspricht es nicht vielmehr der Würde des »Hohen Hauses« und ihrer vom Volk gewählten Vertreter, Gutes gut und Schlechtes schlecht zu finden, und zwar ganz gleich, wer (von welcher Partei auch immer) was sagt? Sind nicht die Parlamentarier, wie es in der Verfassung heißt, nur ihrem Gewissen verantwortlich, oder geht der im Grundgesetz *nicht* verankerte »Fraktionszwang« so weit, nur die Redner der eigenen Partei (auch wenn sie noch so großen Unsinn von sich geben) zu beklatschen, den politischen Gegner aber, auch wenn er noch so kluge Gedanken äußert, mit Schweigen und Buhrufen zu bedenken? Sind unsere Volksvertreter mit der Erringung des Mandats eigentlich verpflichtet, sich das Denken abzugewöhnen? Oder haben sie es sich mit der Erringung des Mandats abgewöhnt?

Unseren Parteien, Koalition und Opposition, fällt es offensichtlich schwer zu begreifen, daß sie für uns und nicht wir für sich da sind. Ihre Vertreter erinnern sich immer

weniger daran, daß ihr Souverän und »Arbeitgeber« das Volk ist (das auch die Diäten bezahlt) und nicht die Partei oder die Fraktion.
Hierzu noch eine Anmerkung:
Es gehört schon zum selbstverständlichen Ritual, daß bei Erscheinen hoher politischer Würdenträger die Anwesenden in Beifall ausbrechen. Weshalb eigentlich? Da wir als Volk, Parteiangehörige oder Wähler im Grunde ihre Arbeitgeber sind, erscheint dies völlig unangebracht. Nicht wir, sondern sie müßten uns doch eigentlich – in äußerster Bescheidenheit, versteht sich – ihre Ergebenheit bezeugen und nicht nur am Schluß ihrer Rede mit der dürftigen Floskel enden »Ich danke Ihnen«, um damit anzudeuten, daß sie am Ende ihrer Rede (oder ihrer Weisheit?) sind und nunmehr Beifall gezollt werden darf. Wer die Kunst der Rede beherrscht, bedarf solcher Schlußformeln ohnehin nicht.
Auch fällt es immer schwerer, den geradezu irrsinnigen Personenkult zu begreifen, der nicht nur bei sogenannten Staatsbesuchen geübt wird. Da werden ganze Bataillone für die »Ehrenfront« aufgeboten, rote Teppiche ausgerollt, Hymnen gespielt und anschließend Champagner serviert, selbstverständlich zur Unterstützung der dann »nützlichen Gespräche«. Dabei wäre es wahrscheinlich nützlicher, wenn sich die hohen Herren anstatt auf den roten Teppich einmal in ein Arbeitsamt von Gelsenkirchen oder ein Sozialamt von Wanne-Eickel begeben würden. Vielleicht könnte ihnen dann aufgehen, wo Entwicklungshilfe nötig ist.

Genossen

Es gehört zu den vielen Ungereimtheiten unseres politischen Alltags, daß der Begriff »Genossen« für politisch Gleichgesinnte noch nicht völlig ausgestorben ist. In der SPD wird davon, insbesondere von jungen, unerfahrenen »Genossen«, noch reichlich Gebrauch gemacht. Kein neuer Satz, der nicht mit »liebe Genossinnen und Genossen« beginnt. Gequälte Gesichter auf der Bank der anwesenden Spitzenpolitiker sagen alles. Aber auch sie müssen sich auf Drängen der linken Basis wieder dieser Floskel bedienen. Schmidt, der frühere Bundeskanzler, war da von anderem Holz; schließlich war er Volkswirt und hatte bei Karl Schiller (dem früheren Wirtschaftsminister) gelernt, daß es SPD-Genossen eigentlich nicht geben kann. Denn die SPD ist keine Genossenschaft. Weder eine mit beschränkter oder unbeschränkter Haftung noch eine Einkaufs- und Verkaufsgenossenschaft, sondern nach dem Parteiengesetz von 1967 eine in ihrer rechtlichen Ausgestaltung einem eingetragenen Verein nachgebildete Vereinigung von Bürgern. So heißt es dort in der an Klarheit nicht zu überbietenden üblichen Gesetzessprache in § 2 wie folgt:

»Parteien sind Vereinigungen von Bürgern, die dauernd oder für längere Zeit für den Bereich des Bundes oder eines Landes auf die politische Willensbildung Einfluß nehmen und an der Vertretung des Volkes im Deutschen Bundestag oder in einem Landtag mitwirken wollen, wenn sie nach dem Gesamtbild der tatsächlichen Verhältnisse, insbesondere nach Umfang und Festigkeit ihrer Organisation, nach der Zahl ihrer Mitglieder und nach ihrem Hervortreten in der Öffentlichkeit eine ausreichende Gewähr für die Ernsthaftigkeit dieser Zielsetzung bieten.«

Die Angehörigen einer Partei sind also schlicht Mitglieder, und zwar auch dann, wenn sie weiblichen Geschlechts sind. Selbst Frauen sind demzufolge Mitglieder und nicht etwa Mitgliederinnen (Parallelen zu Ministerinnen sind fehl am Platze).

Aber warum um alles in der Welt, fragt man sich, sind es dennoch keine Mitglieder, sondern Genossinnen und Genossen, obwohl sie doch ein Mitgliedsbuch haben, auch Mitgliedsbeiträge zahlen und nicht etwa einen Genossenschaftsbeitrag leisten?

Aufschlußreich erscheint auch, daß sich selbst die Angehörigen handelsrechtlicher Genossenschaften untereinander keineswegs mit Genosse anzureden pflegen. Das wäre ja noch schöner, wenn der Einzelhändler X den Konkurrenten an der Ecke mit »Genosse« anspräche, nur weil beide der »EDEKA-Einkaufsgenossenschaft« angehören.

Nun gehen sicher die Uhren bei politischen Parteien anders. Und wenn schon: Warum gibt es nur bei der SPD Genossen und nicht auch bei der CDU und der FDP?
Denkbar wäre, daß diese unschöne und nicht gerade ansprechende Anrede historische Gründe hat.
Aber selbst wenn das so ist, ein Unbehagen bleibt; man möchte eben nicht überall und zu jeder Zeit mit Genosse angesprochen werden, nur weil eine Mitgliedschaft in der SPD besteht.
Auch gestandene »Genossen« haben es nicht gern, in Parteiversammlungen von jungen »Genossen« als »Genosse« tituliert zu werden. Sie halten es auch nicht für glücklich, wenn sie von ihrer Hausgehilfin mit Genosse angeredet und geduzt werden, nur weil auch sie zufällig der SPD angehört. Dieses Unbehagen breitet sich im übrigen auch dann aus, wenn sich im Fernsehen vor einem Millionenpublikum Kabinettskollegen duzen. Mit dem »Du« verbindet sich noch immer etwas Besonderes. Abgesehen von familiären Bindungen (Verwandtschaft, Schwägerschaft) drückt das »Du« echte Freundschaft aus, es verpflichtet. Es ist jedenfalls nicht zu erkennen, daß es dem Ruf nach »mehr Demokratie wagen« nützt, wenn jeder jeden duzt.
Letztlich und schließlich hat es aber auch seine Tücken, die Anrede »Genosse« allein auf eine bestimmte Parteizugehörigkeit zu begrenzen. Man braucht sich nur der schnarrenden Stimme Hitlers zu erinnern, der seine Zuhörer mit »Parteigenossen und Volksgenossen« anzusprechen pflegte. Welch ein Irrsinn: Als ob ein ganzes Volk eine Genossenschaft bilden könnte. Und auch in der DDR und der UdSSR ist immer von »Genossen« die Rede. Sind da nicht Verwechslungen unausweichlich?
Und wäre dies nicht Grund genug, Genossen Genossen sein zu lassen? Wir können auch ohne Genossen leben – Gott sei Dank! Die SPD ist inzwischen zu einer auch von bürgerlichen Kreisen angesehenen und wählbaren Volkspartei geworden. Dazu paßt es nicht, daß man sich mit einem linkspolitisch angehauchten Juso duzen muß.
Daher, liebe Genossinnen und Genossen, weshalb nicht von Mensch zu Mensch statt von Genosse zu Genosse miteinander reden? Auch Nichtparteimitgliedersind Menschen.
Daß diese Vorbehalte nicht ganz von der Hand zu weisen sind, verdeutlicht eine Broschüre der SPD mit dem Titel
»Parteiarbeit
Handbuch für die Arbeit in sozialdemokratischen Ortsvereinen – Mitglieder werben – Vertrauensarbeit«
Dort wird nämlich in sehr behutsamer Weise versucht, neuen Mitgliedern dieser gro-

ßen Volkspartei verständlich zu machen, weshalb sie künftig »Genossinnen und Genossen« sind. Der von der Parteizentrale vorgegebene Text hört sich dann so an:
»Lieber Genosse ...!
Sicher wirst Du über diese Anrede erstaunt sein. Deshalb zunächst eine Erklärung: Wir Sozialdemokraten haben eine mehr als 100jährige Geschichte. Über diesen langen Zeitraum hinweg hat sich in unserer Partei von Mensch zu Mensch und von Generation zu Generation ein besonderes Zusammengehörigkeitsgefühl entwickelt.
Die Anrede ›Genosse‹ ist Ausdruck dieses Zusammengehörigkeitsgefühls, das unsere Mitglieder in der Zeit der Sozialistengesetze, der Verbote unserer Partei, im Kampf für die sozialdemokratischen Grundwerte Freiheit, Gerechtigkeit und Solidarität entwikkelt haben. Du wirst sicherlich nichts dagegen haben, daß wir Dich jetzt so ansprechen, weil wir Dich jetzt zu uns zählen dürfen ...
Mit freundlichen Grüßen
Weshalb eigentlich dieser Eiertanz? Die Zeit der Sozialistengesetze ist – Gott sei Dank – vorbei. Und die SPD ist eine große staatstragende Volkspartei geworden. SPD ja – aber »Genosse«, muß das sein? Oder steuern der rote Napoleon Lafontaine und die rote Heidi einen neuen Kurs? Läßt Genosse Honecker grüßen?

Gestatten Sie mir noch ein Wort der Klarstellung

Diese Redewendung hat sich im Bundestag und in den Landtagen immer mehr eingebürgert. Damit wird, sicher mit Recht, unterstellt, daß die vorangegangene, meist vom Manuskript abgelesene Rede unklar war und alle Klarheiten beseitigt hat. Sicher verbirgt sich dahinter auch gelegentlich ein rhetorischer Gag. Einmal klingt es gut, noch ein Wort der Klarstellung anzufügen, und zum anderen wird der Eindruck erweckt, der Vortragende würde nunmehr endlich in freier Rede zur Sache kommen, das Wesentliche zusammenfassen und Farbe bekennen. Oft wird mit diesem Wortgeklingel, insbesondere bei Parlamentsdebatten, eine Aufforderung an die zufällig anwesenden Abgeordneten bezweckt, nämlich, mit dem Lesen der Frankfurter Allgemeinen Zeitung, des Spiegels oder Sterns, der Süddeutschen Zeitung, der Frankfurter Rundschau, des Vorwärts oder Bayernkuriers aufzuhören und den Worten des Redners zu lauschen.

Aber die Erwartung trügt zumeist. Die »alten Hasen« wissen, daß das »Wort der Klarstellung« wenig klarstellt und mehr vernebelt. Im übrigen weiß man ja ohnehin, was der Redner sagen wird. Denn auch das »Wort der Klarstellung« ist sorgfältig vorformuliert. Und nur wenn Stoltenberg, Schmidt, Strauß, Blüm, Brandt oder andere Wortgewaltige in die Debatte eingreifen, wird das Studium der Zeitungen und Zeitschriften unterbrochen, die »Hinterbänkler« lauschen den Ausführungen ihrer »Vorderbänkler«.

Reden ist eben eine Gabe, die nur wenige beherrschen. Sie ist und bleibt hohe Kunst. Schade nur, daß auch glänzende Redner immer nur Beifall ihrer eigenen Fraktion erhalten. Sie hätten mehr verdient, zumal es immer weniger von ihnen gibt, die in freier Rede eindrucksvoll, sachbezogen und überzeugend argumentieren können. Daß in der DDR die Floskel »Gestatten Sie mir noch ein Wort der Klarstellung« nicht gebräuchlich ist, ist leicht zu erklären: Dort ist alles nach altpreußischer Tradition (schließlich haben sie den »alten Fritz« wiederentdeckt) streng geregelt. Und es wäre ja noch schöner, wenn es in der Volkskammer kontroverse Auseinandersetzungen geben würde. Schließlich gibt es die »Nationale Front«. Alle wollen dasselbe (bei den Nazis hieß dies Gleichschaltung), und da wird gehorcht, basta. Im Gleichschritt! Marsch!

Gewichtung, Ausgewogenheit

Gewichte können ungleich verteilt sein. Wer wüßte das nicht? Auch hält es kaum jemand für anstößig, wenn derselbe Sachverhalt je nach Interessenlage eine unterschiedliche Beurteilung und Wertung erfährt. Alle fühlen sich »untergewichtet«, d. h. benachteiligt, übergewichtig kaum jemand. Das ist menschlich verständlich. Bei den Politikern ist das anders: Sie »gewichten«, d. h., sie sprechen davon, es müsse endlich eine »ausgewogene Gewichtung« erreicht werden. Überhaupt Ausgewogenheit: Das ist doch etwas. Wo kämen wir sonst hin, wenn wir es an der richtigen »Ausgewogenheit und Gewichtung« fehlen ließen? Es fällt schwer zu begreifen, was damit gemeint ist. Soll mit diesem Wortungetüm gesagt werden, daß etwas wichtig ist, Vorrang haben muß, wenn auch entgegengesetzte Interessen verständlich und vorhanden sind? Da ist sicher etwas dran. Man »gewichtet« also, d. h. legt das Für und Wider auf eine Waage und je nachdem, wohin sich das Pendel bewegt, ergibt sich die »Gewichtung«, auf deutsch: wohin die Reise gehen soll.

Es kann natürlich auch Nachteile haben, wenn jede bedeutsame politische Entscheidung nur »gewichtet« wird. So werden sich fortschrittliche, zukunftsweisende und von der Mehrheit abgelehnte oder kritisch beurteilte Maßnahmen kaum durchsetzen lassen.

Ein Mann wie Ludwig Erhard z. B., der 1949 mit seiner Währungsreform »ohne Gewichtung« (gewichtige gesellschaftliche Gruppen waren dagegen) den Sprung ins kalte Wasser wagte, wäre bei einer »ausgewogenen Gewichtung« auf der Strecke geblieben. Wir müßten vielleicht noch heute mit Bezugsschein leben, nach Kartoffeln anstehen und den Kauf eines Autos oder die Anmietung einer angemessenen Wohnung als »Zukunftsvision« betrachten, so wie es heute noch in der DDR der Fall ist. Wer dort schon zu Lebzeiten einen Trabbi (= Auto) oder eine Wohnung erwerben möchte, sollte schon anläßlich der Jugendweihe bzw. Konfirmation die Antragsformulare ausfüllen.

Gipfelgespräch, Gipfeltreffen

Der mündige Bürger wird in den westlichen Massenmedien Presse, Funk und Fernsehen immer wieder mit der Meldung überrascht, es habe ein Gipfelgespräch oder Gipfeltreffen stattgefunden. Das ist auch im Osten, insbesondere in der DDR, nicht anders, vor allem wenn »Honey« (= Honecker) Auslandsbesuche absolviert. Nun werden Bergsteiger diese Meldungen meist mit Erstaunen vernehmen, weil sie wissen, daß hohe Politiker nicht gerade zu denen gehören, die hohe Berge besteigen. Das wäre ja auch zuviel verlangt. Schließlich verzehren sie sich täglich damit – die weitgehend unversteuerten Diäten und Gehälter werden ja nur widerwillig entgegengenommen (?) –, ständig für uns dazusein und unsere Interessen zu vertreten. Wie könnten sie also noch Zeit finden, Berge zu besteigen und dort politische Gespräche zu führen?
So bleibt es nicht aus, wenn sich politisch interessierte Bundesbürger und unsere Brüder und Schwestern drüben über Gipfelgespräche und Gipfeltreffen ihre eigenen Gedanken machen. Daß sich gelegentlich Spitzenpolitiker (nicht Gipfelstürmer) zusammenfinden, um Gedanken auszutauschen und wichtige Dinge zu besprechen, sieht jedermann ein, auch wenn die Ergebnisse keinen Höhenrausch auslösen. Aber allein die Gewißheit, daß wieder etwas zu unser aller Nutz und Frommen geschieht, hat sein Gutes. Deshalb kann man nur wünschen, daß weiter »gegipfelt« wird. Schließlich sind es »nützliche Gespräche«. Denn wer spricht und »gipfelt«, schießt nicht. Mit dieser tiefsinnigen Begründung finden auch die nutzlosesten Begegnungen von Politikern ihre Berechtigung.

Harmonisierung

Mit der Einführung dieses Begriffs ist unseren Politikern und Bürokraten ein großer Wurf gelungen.
Denn wer ist schon gegen Harmonie, gegen eine wohltuende innere und äußere Übereinstimmung? Wer strebt schließlich nicht nach Einklang und seliger Eintracht?
Insbesondere der der Musik zugeneigte Bürger wird, wenn hohe Politiker von Harmonisierung sprechen, frohlocken. Er sagt sich, Donnerwetter, was sind das für prächtige Leute, die nun auch auf diesem Gebiet aktiv werden. Auch Bürger, die der Musik weniger zugetan sind, triumphieren: Harmonisierung, das ist doch etwas. Vielleicht denken sie im geheimen an die von Beate Uhse verkündete Harmonie im Ehe- oder Lotterbett, die weniger Verruchten vielleicht an die in Moralpredigten verbreiteten Vorstellungen über die Segnungen ehelicher Zweisamkeit. Ausnahmsweise ohne Kondome, versteht sich.
Sieht man näher hin, haben sich die Politiker dieses so ansprechenden Ausdrucks aus ganz anderen Gründen bemächtigt. Sie beabsichtigen weder unsere Interessen im musikalischen Bereich noch unsere Wünsche und Vorstellungen in der Intimsphäre zu bereichern. Ihr Anliegen ist von anderer Art:
Mit Harmonisierung meinen sie die Korrektur von Gesetzen und Verordnungen, die, zwar von ihnen selbst beschlossen, endlich aufeinander abzustimmen sind. Es müssen also »Harmonisierungsgesetze« erlassen werden.
Würden sie dem Bürger sagen, wir haben uns geirrt oder nicht bedacht, daß die von uns beschlossenen Gesetze zu einem heillosen Wirrwarr führen, müßten sie sich die kritische Frage gefallen lassen: »Weshalb habt ihr das nicht vorausgesehen?« Solche Fragen sind natürlich unangenehm.
Hier hilft die »Harmonisierung«. Der Bürger weiß zwar nicht, »weshalb, wieso und warum«. Aber da auch er für Harmonie ist, wird er es gutheißen. Es ist so schön, in Harmonie zu leben. Wer könnte dagegen sein? Da haben es unsere Brüder und Schwestern in der DDR noch leichter. Die zuständigen Gremien dort brauchen gar nicht erst zu harmonisieren, sie haben's ja schon auf allen Gebieten, in jeder Hinsicht. Schließlich ist alles perfekt vorprogrammiert, organisiert und selbst der Tagungsablauf in der Volkskammer irreversibel, d. h. nicht mehr zu ändern. Wenn das keine echte Volksdemokratie ist?

Hearing

Eine völlig neue Erfindung unserer demokratischen Gesellschaftsordnung ist das »Hearing«, d. h. auf gut deutsch die »öffentliche Anhörung«. Auf diese Weise soll sichergestellt werden, daß alle »relevanten« Gruppen (ein vorzüglicher Begriff für Vereinigungen, die in unserem Staate hohen Einfluß haben), insbesondere vor neuen Gesetzesvorhaben, Gelegenheit erhalten, ihre Vorstellungen darzulegen und vor mißlichen gesetzlichen Reglementierungen zu warnen, gegebenenfalls auch Vorschläge zu unterbreiten. Das ist, wer könnte daran zweifeln, sicher eine gute Sache. Weniger gut ist die Erkenntnis oder gar die Erfahrung, daß ein solches »Hearing« im wesentlichen nur Alibifunktionen hat. Die Weichen sind meist längst gestellt. Auch noch so aufwendige Hearings ändern nichts an der Sache. Andererseits vermitteln Hearings den Befragten ein Glücksgefühl hohen Grades. Sie fühlen sich geehrt. Schließlich hat man sie angehört. Und sie haben den ganzen Reichtum ihrer Kenntnisse ausbreiten können. Wem ist dieses Glück sonst schon vergönnt? Allein das rechtfertigt Hearings. Hearings schaffen Freunde. Und Freunde kann man nicht genug haben. Daß zu wirklich wichtigen Fragen (so jedenfalls aus der Sicht der Bürger) keine Hearings stattfinden, sollte aufhorchen lassen. So scheint es nicht zu interessieren, wie verhindert werden kann, daß vermummte Chaoten Autos und Häuser anzünden, Läden plündern und Polizisten mit Wurfgeschossen aller Art in die Flucht und krankenhausreif schlagen. Auch Genscher von der FDP interessiert dies offenbar nicht. Er ist ja ohnehin nie zu Hause und ständig auf Dienstreise, chaotenfern also. Und Bangemann hat, wie schon äußerlich sichtbar, ein dickes Fell. Dabei würde es den steuerzahlenden Bürger schon interessieren, wenn er im Rahmen eines Hearings erfahren könnte, was z. B. die Liberalen zu seinem Schutze zu tun gedenken. Aber insoweit haben wohl »Hirschbaum« bzw. »Baumhirsch«, frühere Innenminister also (Baum und Hirsch) das Sagen. Schließlich werden sie von den Ordnungshütern (sprich Polizei), die sie am liebsten kritisieren, bestens rund um die Uhr bewacht. Da läßt es sich ruhig schlafen.

Hier und heute in diesem Lande

Im Fernsehen, im Rundfunk oder in der Presse wird von Politikern immer wieder die Formulierung gebraucht »hier und heute in diesem Lande«. Diese Redewendung paßt immer. Sei es, daß der Politiker über sich oder seine Partei frohlockt oder er den angeblichen Unfug, von politischen Gegnern verzapft, mit bewegenden Worten geißelt. Nun wird kein vernünftiger Mensch auf die Idee kommen, die jeweiligen Äußerungen beträfen nicht Zustände unseres Landes, es sei denn, man unterstellt, die Reden seien so konfus und unverständlich, daß man sie auch auf die USA, Chile, Kuba, Indien oder die UdSSR beziehen könnte. Für so schlecht sollte man die Ausdrucksweise der Politiker auch wieder nicht halten. Daß man gelegentlich rot anläuft (aus Scham?), wenn sie im Fernsehen zu Wort kommen, ist so tragisch nicht. Aber, so drängt sich die Frage auf, weshalb immer der Zusatz »hier und heute in diesem Lande«? Nun gehörte Kohl (CDU) zu denen, die diesen Begriff bis zur Weißglut strapaziert haben. Inzwischen hat er sich nicht nur eine neue kleidsame Brille verpassen lassen, sondern auch diese nichtssagende Redewendung aus seinem Sprachschatz verbannt. Andererseits weiß er offenbar sein infantiles Gehabe vor Fernsehkameras noch nicht abzuschütteln. Vielleicht sollte man ihm eine neue Krawatte (die er im Fernsehen immer zu ordnen versucht) schenken und ihm anraten, das pausenlose Händeschütteln vor Fernsehkameras mit Besuchern (mit denen er vorher schon stundenlang gesprochen hat) zu vermeiden. Oder sind unsere hohen Politiker und ihre »PR-Manager« wirklich so flach- und schwachsinnig, daß sie meinen, die Millionen Fernseher könnten Freude oder gar Lust an derartigen nichtssagenden Schaustellungen empfinden?

Hinterbänkler

sind Abgeordnete des Bundestages, aber auch der Landtage, die, auf den »hinteren Bänken« plaziert, nichts zu sagen haben. Ihre wesentliche Aufgabe besteht darin, bei Abstimmungen anwesend zu sein und nach Weisung ihrer Fraktion abzustimmen. Reden dürfen sie nicht. Das könnte ja ins Auge gehen. Ob und inwieweit sie in den Fraktionssitzungen zu Wort kommen, ist unbekannt. Schließlich finden diese Sitzungen »unter Ausschluß der Öffentlichkeit« statt.

Im Parlament gilt, wie auf dem Hühnerhof, eine strenge »Hackordnung«. Die Etablierten (Politoberen) sitzen vorn, das Fußvolk hinten. Und reden darf nur, wer vorn sitzt. Wesentliche Aufgabe der Hinterbänkler ist es, Beifall zu zollen, wenn einer aus den eigenen Reihen spricht.

Die Frage, ob es unter diesen Umständen sinnvoll ist, so viele Abgeordnete zu haben, scheint zwar berechtigt; aber vieles, was im Grunde berechtigt ist, ist nun einmal – so spielt das Leben – nicht sinnvoll.

Da haben es unsere Brüder und Schwestern in der DDR doch einfacher. Sie wissen und stimmen im Sinne von »Honey«: Die Partei hat immer recht.

Hohes Haus

Wenn ein Bundestagsabgeordneter seine tiefschürfenden Ausführungen mit der Anrede »Hohes Haus« einleitet, läuft es einem kalt über den Rücken. Er sagt nicht »hochverehrte Kollegen« oder »liebe Kollegen«, nein er wendet sich gezielt und bewußt an das »Hohe Haus«. Er verbindet damit offensichtlich die Erwartung, daß seiner Rede ein hoher Stellenwert beigemessen wird.

Nun fällt es, rein sprachlich gesehen, nicht schwer, den Begriff »Hohes Haus« zu deuten. Es ist ein Gebäude mit vielen Stockwerken, das hoch hinausragt. So gesehen wäre die Bezeichnung »Hohes Haus« für den »Langen Eugen« (auf den früheren Bundestagsabgeordneten Eugen Gerstenmeier als Erbauer bezogen), ein Silo für die Unterbringung von über 500 Bundestagsabgeordneten, treffend. Demgegenüber ist ein Bundeshaus, wo die Parlamentarier tagen und ständig Gesetze produzieren, von bescheidener Art, sieht man von dem übergewichtigen Bundesadler ab, der die Stirnseite des Bundeshauses ziert. Es hat nur 2 Stockwerke. Aber dies soll ja durch einen Neubau geändert werden. Das alte »Hohe Haus« soll einem »neuen Hohen Haus« weichen. Inzwischen residiert man in einem früheren Wasserwerk, gleich nebenan. Dies ist natürlich rein zufällig und nicht etwa ein Hinweis darauf, daß in dem neuen Parlamentsgebäude, wie Zyniker meinen, vorwiegend »Wasserköpfe« zu Hause sind.

So betrachtet erscheint es unangebracht, den niedrigen und unschönen Zweckbau Bundeshaus bzw. das Ausweichquartier Wasserwerk mit »Hohes Haus« anzusprechen.

Im übrigen ist es ohnehin sinnwidrig, ein Haus, ob hoch oder tief, anzureden. Soll damit angedeutet werden, daß man letztlich gegen eine Wand spricht? Denn Häuser bestehen ja nun einmal, wenn man vom Dach absieht, aus Wänden. Da ist sicher etwas Wahres dran.

Andererseits sollte man nicht verheimlichen, daß es anderswo, und zwar in einer durchaus ernst zu nemenden Demokratie, ein Repräsentantenhaus gibt. Man muß aber wohl hinzufügen, daß dieser Begriff Mißdeutungen weitgehend ausschließt, weil die sprachliche Verbindung zwischen Haus und Repräsentanten eine klare und eindeutige Aussage zuläßt.

Bei der Anrede »Hohes Haus« hingegen werden Mißverständnisse geradezu heraufbeschworen. Nun ist es nicht selten, daß alte Freunde, die sich nach langer Zeit wiedertreffen, in den Ausruf ausbrechen: »Na, wie geht es dir, du ›altes Haus‹?« Nun wäre es

wohl unangemessen, solche spontane Gefühlsregungen auf unser »Hohes Haus« zu übertragen, zumal es ja noch gar nicht so alt ist, aber trotzdem schon abbruchreif.
Und wie wäre es, wenn im Bundestag nicht mehr die Anrede »Hohes Haus«, sondern »Hohe Volksvertreter« Eingang fände? Schließlich war schon in früheren Jahrhunderten von »Hohen Fürsten« die Rede. Ein historischer Anknüpfungspunkt ist also gegeben, und der berechtigten Kritik an unserem mangelnden Geschichtsbewußtsein wäre etwas Wind aus den Segeln genommen.
In diesem Zusammenhang noch ein Wort zu den Zwischenrufen der »Hohen Volksvertreter« im »Hohen Hause«.
Seitdem Bundestagsdebatten in Funk und Fernsehen direkt übertragen werden, kann sich der »mündige Bürger« nicht nur an »vorprogrammierten Reden« der Parlamentarier ergötzen (sie werden zu 95 % abgelesen, die Texte sind mit »großkalibrigen« Schreibmaschinen geschrieben und daher leicht lesbar), sondern auch an spontanen Zwischenrufen derjenigen, die nicht das Parteibuch des jeweiligen Redners besitzen (oder noch nicht).
Wenn Zuhörer und Zuschauer an diesen Zwischenrufen besonderen Anteil nehmen, so ist das nicht verwunderlich. Denn hier leuchtet gelegentlich noch Intelligenz und Schlagfertigkeit auf. Und manch gekonnter Zwischenruf hat es vermocht, Dürftigkeit und Haltlosigkeit abgelesener Reden zu entlarven. So gehören gekonnte, geistvolle und den Kern der Sache treffende Zwischenrufe zum »Salz in der Suppe«. Verraten sie noch Humor, ist ihr Wert in unserer parlamentarischen Demokratie von hohen Graden. Zielen derartige Zwischenrufe aber mehr auf eine Beleidigung oder Diffamierung des politischen Gegners ab und bedienen sich Abgeordnete einer unschönen »Fäkaliensprache«, wird unserer Demokratie ein schlechter Dienst erwiesen. Harte politische Auseinandersetzungen müssen sein. Davon lebt unsere Demokratie. Unsachliche und beleidigende Äußerungen stoßen ab. Das gilt auch für Zwischenrufe im Parlament. Ob das »Hohe Haus« diesen Ansprüchen genügt, läßt sich nur an den Zwischenrufen vergangener Jahre messen: nämlich ob Geist oder Ungeist, Individualität oder Primitivität die Szene beherrschen. Wie die folgenden Zwischenrufe und Bemerkungen einzuordnen sind, muß dem Urteil des Lesers überlassen bleiben:

»Haben Sie Bandwürmer?«
(Wehner zum Abgeordneten Biehle im Bundestag am 27.3.1974)

»Sie sind ein Schwein, wissen Sie das nicht?«
(Wehner zum Abgeordneten Wohlrabe im Bundestag am 21.5.1974)

»Ich habe schon Urteile gesehen, in denen für Ehebruch 50 Mark Geldstrafe verhängt wurde. Ich bin der Meinung, auch das muß zu falschen Auffassungen über die Institution der Ehe führen, wenn Ehebruch ›preislich‹ so etwa auf die gleiche Ebene gestellt wird wie falsches Parken.«
(Ehmke in der 230. Sitzung des Bundestages am 7.5.1969)

»Zur Abwechslung will ich Ihnen heute einmal aus dem autonomen Reichstagsrecht von 1903 folgende Bestimmung vorlesen. § 45, das ist die Substanz unseres jetzigen § 37:
Die Redner sprechen von der Rednertribüne oder vom Platze. Den Mitgliedern des Reichstages ist das Vorlesen schriftlich abgefaßter Reden nur dann gestattet, wenn sie der deutschen Sprache nicht mächtig sind.«
(Gerstenmaier in der 139. Sitzung des Bundestages am 1.12.1967)

Wenn dem so ist, scheint sich der Verdacht zu bestätigen, daß nur noch wenige Abgeordnete der deutschen Sprache mächtig sind. Denn die meisten lesen ab, leider! Nun wird verständlich, weshalb es so dringlich war, einen Bundesbeauftragten für Ausländerfragen zu bestellen. Warum eigentlich keinen Sprachbeauftragten? Dies wäre sicher nötiger als die Bestellung von Datenschutzbeauftragten, deren vornehmste Aufgabe darin zu bestehen scheint, die Verbrechensfahndung zu erschweren. Denn wie erst jüngst (FAZ vom 8.7.1987) der Leiter der Kulturabteilung des Auswärtigen Amtes, Herr Witte, ausgeführt hat, geht es mit der »deutschen Sprache« immer mehr bergab. Nun ist diese Feststellung nicht neu. Man braucht sich nur das »Politchinesisch« unserer Bundestagsabgeordneten anzuhören. Wer das mitverfolgt, kann nur zu der Überzeugung kommen: Wir brauchen nicht nur einen, sondern für jede Partei mindestens 3 Sprachbeauftragte. Das sind insgesamt 12. Aber was ist das schon im Verhältnis zu den sonstigen Ausgaben? Die Sprache ist ein Kulturgut höchsten Ranges. Noch heute zitieren wir die alten Griechen und Römer. Sollen unsere Enkel nur noch englische Lehnwörter begreifen dürfen?

Ich würde sagen – Ich würde meinen – Ich könnte mir denken – Ich gehe davon aus – Es macht keinen Sinn

Wenn hohe Politiker – sei es in Presse, Funk und Fernsehen – interviewt werden, befleißigen sie sich in ihren Antworten immer der »Möglichkeitsform«. Weshalb eigentlich? Nur weil sie zu nichts verpflichtet und man auf diese Weise immer noch ein »Hintertürchen« offenhält? Gestandene Männer vor Ort sind da von anderer Art. Sie sagen, was sie meinen und denken.

Warum soll das im politischen Bereich nicht vernünftig sein? Wir als Wähler und »mündige Bürger« wollen doch von unseren Vertretern in Klarschrift wissen, was sie wirklich und nicht »möglicherweise« meinen und denken. Wozu also diese auch sprachlich nicht glücklichen Formulierungen?

Wer politische Ämter übernimmt – niemand wird dazu gezwungen –, sollte kundtun, was er meint und denkt, nicht, was er meinen und denken würde. Ist das wirklich zuviel verlangt? Das Leben hat nun einmal seine Risiken. Auch Politiker sollten ihnen nicht ausweichen. Alles auf dieser Erde hat seinen Preis!

In letzter Zeit hat sich eine neue sprachliche Unart breitgemacht. Ganz gleich, welcher hohe Politiker auch immer interviewt wird. Seine meist mehr als dürre Antwort beginnt mit dem Satz: »Ich gehe davon aus, daß ...«, und im Laufe des Gesprächs pflegt er dann zu verkünden, dieses oder jenes »mache keinen Sinn«. Man sagt nicht mehr, ich nehme dies oder jenes an, nein, man geht selbstverständlich davon aus, daß dies so oder so zu sein hat. Und zu sagen, dies und das habe keinen Sinn, wäre wohl zu primitiv. Da, meinen die Politiker, müsse man noch etwas »draufsatteln«, statt »hat keinen Sinn«, »macht keinen Sinn«, auch wenn es sprachlich hirnrissig ist. Um es sprachlich und kulturhistorisch zu verdeutlichen: Früher sagte man einem Zeitgenossen, der übertrieb und uneinsichtig schien: »Mach dir nicht in die Hose.« Wie soll man denn dies nun mit dem »gemachten Sinn« formulieren? Vielleicht, es macht keinen Sinn, in die Hose zu machen, zumal dies auch keinen Sinn hat.

Imperatives Mandat

Fragen Sie einmal im Revier einen Kumpel an der Theke, was er von dem »imperativen Mandat« halte. Da dies, wie jedermann weiß, nichts mit Fußball zu tun hat, macht sich Argwohn breit. Und erst wenn in »fröhlicher Eintracht« noch ein Pils genehmigt worden ist, läßt sich weiterreden. Dabei muß man sich allerdings als Fragesteller dem Verdacht aussetzen, mit dem »imperativen Mandat« eine der üblichen Schweinereien ins Gespräch bringen zu wollen. Der Einwand, es gehe beim »imperativen Mandat« ausschließlich darum, daß ein gewählter Mandatsträger nicht nach seiner Überzeugung und Einsicht und im Interesse des Gemeinwohls, sondern nach den Vorgaben seiner Partei oder Organisation zu stimmen habe, wird meist mit Kopfschütteln bedacht. Das wäre ja noch schöner, erhält man zur Antwort, wenn nicht jeder das Recht hätte, allein nach seinem Gewissen zu urteilen und abzustimmen. Nun bezweifle mal einer, unsere Kumpel wüßten nicht, was Demokratie ist. Sind da Funktionäre und die Fraktionsgewaltigen aus anderem Holz geschnitzt?

Infrastuktur

Wer als Mann auf der Straße, Nichtakademiker und Normalbürger erstmals von Infrastruktur hört, hat das ungute Gefühl, um mit dem früheren Finanzminister Apel zu sprechen, »mich tritt ein Pferd«. Da erklärt doch tatsächlich ein Funktionär oder Politiker im Brustton der Überzeugung, es sei höchste Zeit, die »Infrastruktur« zu verbessern. Besitzern von Infrarotheizungen schwant »Fürchterliches«. Sie überkommt das ungute Gefühl, wieder einmal auf etwas hereingefallen zu sein, was technisch noch nicht hinreichend ausgereift ist, und sind nahe daran, ihre Infrarotheizung außer Betrieb zu setzen, obwohl die vorsorglich befragten Lieferanten versichern, daß eine weitere Benutzung völlig gefahrlos ist.

Wer sich, hierdurch aufgescheucht, näher mit dem Problem der Infrastruktur befaßt, erfährt dann, daß darunter lediglich der notwendige wirtschaftliche und organisatorische Unterbau einer hochentwickelten Wirtschaft zu verstehen ist. Kommunalpolitiker reagieren auf derartige Fragen meist freundlich und geraten schier »aus dem Häuschen«, weil sie auf diese Weise endlich einmal Gelegenheit finden, ihre hehren Ziele zu verkünden, nämlich den Ausbau des Verkehrsnetzes, den Bau von Bädern und Freizeitheimen, Altenbegegnungsstätten, die Errichtung von Freizeitzentren aller Art, die Anlegung von Radfahrwegen usw.

Kaum jemand bezweifelt, daß dies eine gute Sache ist. Aber, so fragen die Bürger, warum sagt man uns das nicht gleich? Und warum sagt man uns nicht, was dies alles kostet? Der »Nulltarif« macht's möglich. So jedenfalls die »Grünen«. Aber Bürger, die noch Steuern zahlen, sind weniger fröhlich. Sie können zwar verstehen, daß es die Kommunalpolitiker (auf Staatskosten natürlich) in ferne Länder treibt, während sie zu Hause Fenster streichen, Dächer eindecken oder Klinker verfugen. Nur, meinen sie, gäbe es im eigenen Lande nicht genug zu tun? Es ist ja schön, daß sich unser Tausendsassa Blüm neuerdings auch in Südamerika sehen läßt und dort gute Ratschläge und Noten in bezug auf Menschlichkeit erteilt. In Moskau oder Afghanistan hat er sich noch nicht sehen lassen. Das wäre wohl zuviel verlangt. Schließlich gibt es dort keine Arbeitsessen von der Qualität, die der vollgewichtige Blüm (mit Nickelbrille der AOK?) besonders zu schätzen weiß. Und die über 2 Millionen Arbeitslosen in der Bundesrepublik, wäre dies nicht ein ausreichendes Betätigungsfeld für einen Arbeitsminister?

Innovation

Es war der frühere Wirtschaftsminister Friderichs, zwischenzeitlich Vorstandssprecher der Dresdner Bank (wegen der unsinnigen Parteispendenprozesse auf Eis gelegt), der diesen Begriff in den politischen Alltag einbrachte. Nun zählte Friderichs schon immer zu den Politikern, die wußten, worauf es ankommt. Sonst wäre er sicher nicht der erste Mann der Dresdner Bank (inzwischen in vielen anderen Gremien von Wirtschaftsunternehmen, z. B. im Racke-Konzern, zu Hause) geworden, was darauf schließen läßt, daß er über hohe Sachkunde verfügt. Private Großbanken und Unternehmen von Rang und Namen pflegen nämlich im Gegensatz zu »Staatsbanken« ihre Manager und Aufsichtsgremien ausschließlich nach Fähigkeiten und Leistungen auszuwählen. Im Gegensatz zur Helaba z. B. (Hessische Landesbank) oder zur »Neuen Heimat« können sie Milliardenverluste nicht zu Lasten der Steuerzahler in ihre Bilanz einstellen. Auch wäre es bei privaten Großbanken unvorstellbar, die Besetzung der Aufsichtsgremien nach parteipolitischen Gesichtspunkten vorzunehmen. Nicht zuletzt deshalb sollte Friderichs nachgesehen werden, daß er uns die »Innovation« (= Entwicklung neuer Ideen und Techniken) zu einer Zeit beschert hat, als er sich noch als Politiker von hohem Rang betätigte.

Es ist zu fragen, ob unsere Politiker im Grunde nicht besser beraten wären, wenn sie uns in »Deutsch«, in einer Sprache also, die auch ein »Nichtakademiker« oder »Nichtlateiner« verstehen kann, darüber aufklären würden, wie wir unseren Ideenreichtum und unsere technische Überlegenheit mit äußersten Anstrengungen einsetzen können, um auch in den 90er Jahren bestehen zu können. Jedermann würde das für gut und richtig halten. Mit »Innovation« aber ist das anders. Da stellt sich Mißtrauen ein. Schließlich will man wissen, was gemeint ist. Und noch gibt es Menschen, die kein Abitur haben und trotzdem (oder gerade deshalb?) in hervorragender Weise dazu beitragen, unser Leben in Wohlstand und sozialer Sicherheit zu gewährleisten. Es ist, gelinde gesagt, ein beklagenswerter Irrtum, eine »elitäre« schulische Ausbildung mit Abiturabschluß für hochwertiger zu halten als eine solide handwerkliche Ausbildung. Und ebenso unsinnig, das Abitur für jedermann als unbedingt erstrebenswert hinzustellen, um auf diese Weise zu gewährleisten, daß am laufenden Band Soziologen, Politologen und Psychologen herangebildet werden, aber kaum noch jemand zu erreichen ist, der einen Wasserhahn reparieren kann.

Integrieren

Immer wieder ist von Politikern aller Schattierungen zu hören, irgend etwas müsse integriert, d. h. eingefügt werden. Fragt man den Mann an der Theke in einer Eckkneipe im Revier, ob er sich nach Wechsel seiner Arbeitsstelle schon integriert habe und, wenn ja, wie, breitet sich Mißtrauen aus. Er hat zwar eine feste Meinung vom Profifußball, vom außerehelichen Beischlaf (obwohl er für dieses Tun weit verständlichere Begriffe bereit hat) usw. Aber integriert werden, das will er nicht. Sicher vermutete er dahinter etwas, was ihm später zum Nachteil gereichen könnte. Und erst wenn ihm die »tiefere« Bedeutung der Frage auseinandergesetzt wird, ist er wieder friedlich und ganz der »alte«.

Man sieht, Fremdwörter können verwirren. Damit soll nichts gegen deren Verwendung in sachkundigen Ausschüssen gesagt werden, insbesondere dann nicht, wenn sie nur schwer übersetzbar und allgemein verständlich sind.

Äußerungen von Politikern aber richten sich meist – und das sollten sie wohl auch – an breite Bevölkerungskreise. Vielleicht könnte daher etwas mehr Bedacht auf Allgemeinverständlichkeit genommen werden. Die große Kunst fähiger Politiker besteht ja gerade darin, schwierige Themen und Sachverhalte auch den Frauen und Männern an der Basis klarzumachen, denen Fremdwörter nicht geläufig sind und die, was nicht zu übersehen ist, oft viel mehr gesunden Menschenverstand mitbringen, als sich Politologen, Soziologen, Psychologen und Pädagogen träumen lassen.

Intershop, Interhotel, Delikatshop

Sie lieben Fremdwörter, die Genossen von drüben. Sie wissen auch warum. Ihr Gebrauch verleiht, so meinen sie jedenfalls, dem 1. deutschen Arbeiter- und Bauernstaat das Flair der großen weiten Welt. So erfanden sie, neben vielen anderen Wortschöpfungen (wovon schon die Rede war) den »Intershop«, das »Interhotel« und den »Delikatshop«, auch Delikatladen genannt. Was aber ist daran Besonderes? Schließlich sind wir im Westen von einer Überfremdung insbesondere mit angelsächsischen Begriffen, Liedern und Gesängen nicht verschont geblieben, ja geradezu überrollt worden. Und »shop« (Laden, Geschäft) ist doch ein englisches Wort. Warum soll sich nicht auch die DDR dieses in der ganzen Welt bekannten Begriffs bedienen?
Nun, das Besondere ist, daß man im Westen überall alles und jedes kaufen kann, in der DDR, soweit es sich um Güter des sogenannten »gehobenen Bedarfs« handelt, jedoch nur in den Intershops und Delikatläden. Auch Hotelübernachtungen sind nur in Interhotels von einigermaßen erträglicher Qualität. Der Westler wird natürlich sagen: Na und, schließlich gibt es auch hier Luxusläden und Luxushotels. So weit, so gut. Nur da gibt es doch noch einen wesentlichen und für die Bürger drüben schmerzlichen Unterschied: Man braucht Westgeld, d. h. in erster Linie die beliebte DM-West, denn mit »Ostgeld« geht in den Intershops nichts. Dagegen kann man (mit entsprechender »Valuta« ausgestattet) in den Interhotels (»magere« DM 120,– pro Übernachtung) sogar die Puppen tanzen lassen. Selbst die Abende an der Bar und die Nächte lassen sich mit den »Schönen der Nacht« gegen DM-West verkürzen, obwohl es angeblich in der DDR keine Prostitution gibt. Oder hat der Stasi eine Sondergenehmigung erteilt im Interesse höherer Ziele des sozialistischen Vaterlandes? Honey (= Honecker) macht's möglich.

Schwusos, Strobos, Promis, Spipos

Neuerdings gibt es auch eine Vereinigung, die sich den eindrucksvollen Namen »Schwusos« (= schwule Sozialisten) zugelegt hat. Sie wurde 1979 anläßlich des »Homolulu-Kongresses« in Frankfurt ins Leben gerufen, was die SPD nicht sonderlich entzückte. Im Gegenteil. Sie hat, was verständlich ist, abgewinkt und sich dagegen verwahrt, mit dieser Gruppe in Verbindung gebracht zu werden.

Ganz anders eine einschlägige Gruppe Lehrer und antiautoritäre Erzieher in der Gewerkschaft Erziehung und Wissenschaft, die stolz darauf ist, sich »ganz offiziell als Schwule in eine deutsche Gewerkschaft eingebracht« zu haben, und zwar mit dem Recht, selbst zu bestimmen, wann sie am Arbeitsplatz offen als Homosexuelle auftreten. Wer das nicht als Fortschritt empfindet, kann nur als unverbesserlicher Reaktionär angesehen werden. Und wie wäre es, diese Herren mit dem von der Familienministerin als unzureichend erachteten Sexualkundeunterricht zu betrauen? Denn erfahrungsgemäß werden Knaben nicht schwanger.

Von ganz anderer Art sind die Strobos (= Stromboykotteure). Diese mehr mit den Grünen und Alternativen verwandte Gruppe, zu der auch Gottesdiener (Pastoren) gehören, verweigern die Begleichung von Stromrechnungen, wenn die Elektrizität aus Kernkraftwerken stammt. Die E-Werke, die daraufhin den Strom abzuschalten pflegen, werden als Erpresser und profitgierige, gewissenlose kapitalistische Ausbeuter verteufelt. So ergießt sich eine Prozeßlawine über die ohnehin überlasteten Gerichte. Den naheliegenden Vorschlag, die benötigte Energie im Do-it-yourself-Verfahren selbst zu erzeugen (zum Beispiel durch fußbetriebene Tretmobile), weisen sie mit Entrüstung zurück. Arbeit mögen sie nicht so gern.

Da sind die »Promis« und »Spipos« schon von anderem Format, nämlich die Prominenten (Promis) und die Spitzenpolitiker (Spipos). So erfreuen sich die Promis (Filmschauspieler, Fernsehstars, Moderatoren, Sänger, Künstler usw.) in schwachsinnigen Gazetten, insbesondere der Regenbogenpresse, immer größerer Beliebtheit. Schließlich erfärt man dort, wer mit wem, wie oft usw. Aber auch die Spipos finden Interesse. Dafür gibt es sogenannte politische Magazine und Bilderblätter, die allwöchentlich wegen der ständigen Skandale den Untergang des Abendlandes prophezeien.

Konfrontation

Wir werden ständig und stets mit etwas »konfrontiert«, d. h., wenn man dem »Duden« glauben kann, widersprechenden Meinungen oder Sachverhalten gegenübergestellt, und zwar mit dem Ziel, mögliche Widersprüche tunlichst auszuräumen. Wer könnte leugnen, daß dies eine gute Sache ist. Aber da haben unsere Politiker offenbar eine ganz andere Meinung. Sie »konfrontieren« sich stets und immer mit einer anderen Partei oder deren Vertretern, die ihnen im Moment nicht genehm sind. Ob der Bürger etwas mit dieser »Konfrontation« anfangen kann, ficht die Politiker nicht an, Hauptsache »Konfrontation«. Das ist schließlich etwas, was man in Partei- und Wahlversammlungen geißeln kann. Man baut einen »Kaventsmann« auf und hat jemanden, auf den man nach Herzenslust einschlagen kann. Denn nichts ist einfacher, als einen politischen Gegner zu erfinden, einen uneinsichtigen, von allen guten Geistern verlassenen Zeitgenossen, der gegen alles ist, oder ganz einfach ein geschlechtsloses »Monstrum«, das, jeder Einsicht abhold, den größten Unsinn verbreitet.

Ist dieser »Kaventsmann«, meist als negativer Vertreter einer nicht genehmen Partei oder Vereinigung, »aufgebaut«, läßt sich trefflich »vom Leder ziehen«. Der unbefangene »mündige Bürger« sagt sich: »Wie, so etwas gibt es? (obwohl gar nicht vorhanden), dann aber weg damit.«

Die »Konfrontation« feiert Triumphe. Der »Kaventsmann« aber ist unschuldig. Schließlich ist er nach Duden nur ein beleibter und begüterter Mann, ein männliches Prachtexemplar. Hoffen wir, daß ihm unsere Herren Strauß, Bangemann, Kohl, Kiechle, Blüm, Genscher u. a. von Arbeitsessen geplagte Spipos (= Spitzenpolitiker) alle Ehre machen. Sie verdienen unseren Respekt.

Konsens

Unsere Politiker, Parteioberen und Funktionäre aller Art geraten in ihren Reden geradezu in Verzückung, wenn sie die Notwendigkeit preisen, ein Konsens aller Demokraten in dieser oder jener Frage sei vonnöten. Auch die Zuhörer sind beglückt. Sie haben das Gefühl, damit werde ihnen wieder einmal mehr Demokratie und mehr Gerechtigkeit zuteil. Erklärt man ihnen dann, »Konsens« bedeute nur eine sinngemäße Übereinstimmung von Wille und Willenserklärung zweier Vertragspartner, werden sie unwillig. Wozu, fragen sie, erzählt man uns denn ständig davon? Wer weiß das schon? Für Politiker ist das unwichtig. Sie werden auch weiterhin von Konsens sprechen. Schließlich gibt es wenige, die nach dem Sinn fragen. Daß selbst in elementaren nationalen Fragen (Wiedervereinigung, deutsche Einheit) kein Konsens (Übereinstimmung) mehr zwischen den Parteien zu erzielen ist, stimmt zwar traurig, muß aber wohl der Trägheit, Dummheit und Geschichtslosigkeit mancher sogenannter Volksvertreter angelastet werden. Sie wissen ohnehin nicht, was sie tun und weshalb sie hohe Diäten kassieren.

Kontrastprogramm

Unsere öffentlich-rechtlichen und daher konkurrenzlosen Fernsehanstalten (ARD, ZDF) verstehen darunter eine so unterschiedliche Programmgestaltung, daß der Fernseher die Möglichkeit hat zu wählen, z. B. zwischen Krimi und Operette, zwischen politischen Magazinen und Unterhaltungsfilmen, zwischen Rockmusik und Ausflügen ins Tierleben usw. Sieht man sich daraufhin die Programme an, wird man sein blaues Wunder erleben: auf allen Kanälen zur gleichen Zeit entweder seichte Unterhaltung oder das Gegenteil davon. Wie sagte doch Frankenfeld seligen Angedenkens in der Fernsehsendung »Musik ist Trumpf«: Dieses sogenannte »Kontrastprogramm« sei mit der Bestellung eines Gastes in einem Restaurant vergleichbar, der Bratkartoffeln mit Pommes frites verlangt.

Niemand wird ihm widersprechen, zumal sich seitdem nichts, aber auch nichts geändert hat. So ist es in der Tat. Hat der geplagte Zuschauer einmal Zeit »fernzusehen«, so am Freitag- oder Samstagabend, wird ihm selten etwas zur Erbauung geboten. Und wählen kann er schon gar nicht; auf allen Kanälen nahezu gleichgeartete Sendungen, entweder nur ernste Darbietungen oder nur leichte Unterhaltung. Bevorzugt er beispielsweise, was bei hart arbeitenden Normalbürgern die Regel ist, die leichte Unterhaltung und wird sie auf beiden Kanälen angeboten, bleibt ihm nur der Verzicht auf eines der Programme, obwohl er beide gern gesehen hätte. Oder soll auf diese Weise der Absatz von Videorecordern angeheizt werden?

Ein weiteres Ärgernis sind die politischen Sendungen, meist während der besten Sendezeiten. Nun ist politische Bildung sicher nicht schädlich; nur muß sie in dieser meist schulmeisterlichen und belehrenden Form dargeboten werden? Und gehört es zur politischen Bildung, wenn zuweilen der Eindruck erweckt wird, wir Zuschauer seien mitschuldig, daß bei uns das sozialistische Paradies noch nicht verwirklicht ist? Ein Glück nur, daß die meist linksgerichteten »Talk-Shows« erst zu später Stunde gesendet werden, zu der sich die arbeitenden Normalbürger längst zur Ruhe begeben haben. Sie würden sonst aus dem Staunen nicht herauskommen und vor Verwirrung (in der Politsprache als Irritation bezeichnet) nicht mehr in den Schlaf finden.

Glatter Unfug, wenn nicht gar gezielte Bevormundung ist es, wenn attraktive Unterhaltungsfilme auf Zeiten plaziert werden, wo nur noch Nachtschwärmer und Nichtstuer wach sind.

So wurde im ZDF der sehenswerte Spielfilm »Alle Menschen werden Brüder« von 23.30 bis 1.15 Uhr ausgestrahlt. Offenbar haben die hochbezahlten Herren vom Fernsehen keine Ahnung von den Lebensgewohnheiten ihrer zahlenden Kunden. Oder betrachten sie uns Zuschauer als unmündige Untertanen? Oder wissen sie nicht, daß die meisten Bürger schon morgens zwischen 5.00 und 7.00 Uhr aus den Federn müssen und nach harter Arbeit zur Mitternachtszeit nicht mehr fit und glotzfähig sein können? Wozu sind eigentlich die Verwaltungsräte der Fernsehanstalten da, die mit Vertretern aller sogenannten relevanten Gesellschaftsgruppen proporzgemäß besetzt sind?
Von besonderem Reiz sind, was Anerkennung verdient, die Sportsendungen. Was stört, sind die zum Teil schwachsinnigen Kommentierungen mancher Sportjournalisten. Zwar verrät ihre Kleidung meist sportliche Dynamik, und die Meinung, sie trügen deshalb keine Jacken und Krawatten und so enge Hosen, weil sie so schlecht bezahlt würden, kennt die Verhältnisse nicht. Die Gehälter sind durchaus ansprechend, von Nebenverdiensten ganz abgesehen. So werden Sportereignisse häufig zu Büchern, deren Autoren meist Sportjournalisten des Fernsehens sind. Das kann zwar gelegentlich »in die Hose gehen«, zum Beispiel dann, wenn die Sportler der Bundesrepublik versagen. So wurden die schönen Bücher über die Fußballweltmeisterschaft in Argentinien zu »Ladenhütern« einsamer Klasse. Trotzdem ist für Trauer kein Anlaß, schließlich gibt es noch die kommerzielle Werbung. Dabei spielt es keine Rolle, daß diese hochintelligenten Leute zum Beispiel bei Länderspielübertragungen lediglich mitteilen, wer gerade den Ball hat. Da sage einer, dies seien nicht vortreffliche Leute und unsere öffentlich-rechtlichen und verbürokratisierten Fernsehanstalten nicht das einzig Richtige. Und, so ist zu hören, die zusätzliche Schaffung privater Fernsehkontrastprogramme sei der Anfang vom Ende. Inzwischen gibt es einige. Aber sie werden, mit höchstrichterlicher Rechtsprechung natürlich, an der kurzen Leine gehalten.
Was schließlich die der englischen Sprache nicht kundigen Bürger angeht, ist zu begrüßen, daß leichte Unterhaltungsmusik (von wenigen Ausnahmen abgesehen) nur aus dem angelsächsischen Raum bezogen wird. So wird der Zuhörer vor schwachsinnigen deutschen Schlagertexten bewahrt und lernt bei musikalischer Unterhaltung fließend Englisch. Schade, daß die »anspruchsvollen« Texte unserer Liedermacher (an der Spitze der mit hoher Gage beglückte Systemveränderer Biermann aus der DDR) noch in deutscher Sprache und nicht in Chinesisch dargeboten werden, was der Verträglichkeit sicher zugute käme. Aber insoweit ist ihm wohl Udo Lindenberg, der sich neuerdings mit »Honey« arrangiert hat, überlegen.

Konzertierte Aktion

Wer weiß schon noch, was sich mit diesem musikalisch kaum deutbaren Begriff verband. Es war Schiller, einen kluger Finanz- und Wirtschaftsminister der Jahre 1966 bis 1972, der unter diesem Begriff eine Einrichtung ins Leben rief, die alle gesellschaftlich und wirtschaftlich wichtigen Gruppen mit dem Ziel vereinte, gemeinsame Vorstellungen zum Wohle unseres Gemeinwesens zu entwickeln. Das hat auch gut funktioniert. Weshalb es heute nicht mehr an dem ist, obwohl es sicher nützlich wäre, ist zwar nicht einzusehen, aber was hilft's. Die hohen Politiker und Funktionäre müssen es ja schließlich wissen. Der Mann an der Basis begreift ohnehin nicht, daß das, was gestern noch gut war, heute nichts mehr taugt. Es ist schon schwer, sich im Wandel der Zeit noch einigermaßen zurechtzufinden. Und auch musikalisch verbrämte Schlagworte haben anscheinend keinen Ewigkeitswert. Denn die konzertierte Aktion ist tot. Da ergeht es Beethoven, Mozart, Brahms, Wagner, Bach, Verdi, Tschaikowsky usw. doch besser. Ihre Musik wird noch in Jahrhunderten Bestand haben, wenn niemand mehr weiß, was unter einer »konzertierten Aktion« zu verstehen ist.

Kooperation

Wer nichts für »Kooperation«, also Zusammenarbeit, übrig hat oder nicht bereit ist zu »kooperieren«, ist schlecht dran. Er verrät einen großen Mangel an politischer Einsicht, weil er offenbar nicht erkannt hat, daß es ohne Zusammenarbeit in unserer komplizierten Welt nicht geht. Gutartige und vernünftige Menschen werden daher die Notwendigkeit von Zusammenarbeit bejahen. Was stört, ist die bei jeder passenden und unpassenden Gelegenheit beschworene Formel von der glückseligmachenden Kooperation. Schaut man tiefer, stellt sich heraus, daß dieser Begriff ursprünglich nur die Zusammenarbeit (auch Aufgabenteilung) zwischen verschiedenen Wirtschaftspartnern meint. Aber über solche kleinlichen, wenn auch sprachlich zutreffenden Auslegungen sind Politiker und Funktionäre längst hinaus. Sie kooperieren alles und jedes. Auch Weizsäcker sprach in Moskau (Juli 1987) viel von Kooperation. Der Zuhörer lauscht mit Wohlbehagen. »Kooperation« ist ja schließlich etwas. Und die da oben, die uns dies verheißen, werden es schon wissen. Außerdem klingt es so schön. Sicher ist es nichts Unanständiges, obwohl Verwechslungen mit anderen Fremdwörtern nicht auszuschließen sind. Vielleicht macht es sogar müde Männer munter? Und auch das wäre schließlich nicht von Übel.

Kooperative Gesamtschule

Während, was Umfragen ergeben haben, die Bürger Zusammenarbeit (Kooperation) für nützlich halten, waren die Eltern nicht sehr begeistert, ihre Kinder einer »Kooperativen Gesamtschule« anvertrauen zu sollen. Sie stiegen daher in Nordrhein-Westfalen auf die Barrikaden, setzten einen Volksentscheid durch und die »Kooperative Gesamtschule« zunächst einmal ab. Ernsthafte Politiker, die dieses Schulsystem erfunden und mitgetragen hatten, waren hinterher der Meinung, es handele sich lediglich um ein Mißverständnis. Die Eltern hätten gar nicht gewußt, welche Segnungen eine solche Neuerung zu Nutz und Frommen ihrer Kinder mit sich gebracht haben würde. Da ist sicher etwas dran.

Nur fragen viele Eltern, weshalb sagt man dies nicht auf gut deutsch? Denn wer weiß schon, was unter einer »Kooperativen Gesamtschule« zu verstehen ist und weshalb Gymnasien, Real- und Oberrealschulen nicht mehr zeitgemäß sind. Vielleicht liegt es daran, daß die »Kultus- und Wissenschaftsminister« unsere Muttersprache Deutsch nicht mehr beherrschen oder verlernt haben?

Dies wäre zwar betrüblich, aber keineswegs ungewöhnlich. Schließlich gibt es bei uns Familienminister, die keine Familie haben, Ministerpräsidenten, die, obwohl unverheiratet, dennoch Landesväter sind, Justizminister, die noch nie im Gefängnis waren, Wirtschaftsminister, die noch nie einen Betrieb geleitet und Finanzminister, die noch nie die Segnungen der Steuergesetze am eigenen Leib verspürt haben. Auch gibt es Verteidigungsminister, die es gerade zum Gefreiten gebracht oder nicht einmal gedient haben.

Daher sollte man auch gegenüber unseren Schulexperten Nachsicht üben. Sie wissen ohnehin oft nicht, was sie tun. Letztlich hat die Abkürzung »Coop-Schule« nur zu Mißverständnissen geführt. So meinten durchaus aufgeschlossene Mütter von schulpflichtigen Kindern, sie wüßten überhaupt nicht, weshalb »Co op« nicht gut sei. Immerhin könnten sie in derartigen Geschäften recht gut und günstig einkaufen.

Was aber nun wirklich unter einer »Kooperativen Gesamtschule« zu verstehen ist, hat auch der Verfasser nicht zu ergründen vermocht. Gespräche mit Experten haben ihn so verwirrt, daß er sich nicht in der Lage sieht, auch nur den Versuch einer verständlichen Auslegung zu unternehmen, zumal es inzwischen eine Vielzahl von Schulsystemen und Schularten gibt, so u. a. Grundschulen, Hauptschulen, Regelschulen, Oberschulen,

Gesamtschulen, Realschulen, Oberrealschulen, Gymnasien, Integrierte Gesamtschulen, Berufsschulen, Fachschulen, Hochschulen, Mittelpunktschulen, Sonderschulen, Fachhochschulen, weiterbildende Schulen, Verwaltungsschulen, Volkshochschulen usw. usw.

Wenn man Eltern, die bereits praktische Erfahrung gesammelt haben, glauben darf, zeichnen sich Gesamtschulen unter anderem dadurch aus, daß nicht mehr in geschlossenen Klassenverbänden unterrichtet, vielmehr je nach Neigung und Begabung der Schüler in losen Arbeitsgemeinschaften Wissen vermittelt wird. Den Klassenlehrer früherer Prägung, Respekts- und Bezugsperson der Schüler und Ansprechpartner der Eltern, gäbe es nicht mehr. Ein begrüßenswerter Nebeneffekt sei, daß die so »aufgelokkerten« und »bindungsgelösten« Schüler die Gemeinschaftseinrichtungen der Schule und die Gemeinschaftsräume beschädigten oder gar zerstörten, was der Arbeitsbeschaffung und damit der Wirtschaft dienlich sei.

Kreativität

Kreativ zu sein weist auf eine seltene Gabe hin, nämlich über Schöpferkraft zu verfügen, schöpferisch wirken zu können. Nur wenige begnadete Menschen sind ihrer teilhaftig. Um so ärgerlicher, wenn auch dieser Begriff immer mehr Eingang in unsere Politsprache findet, obwohl in der Politik – seit Plato – kaum etwas Neues oder gar »Schöpferisches« geboten wird. Man begreift daher nicht recht, daß unsere Politiker und Funktionäre ständig von der Notwendigkeit »kreativen Handelns« zu überzeugen versuchen, wenn sie davon sprechen, wie wichtig »Kreativität« sei und daß es an der Zeit wäre, den kreativen Handlungsspielraum auszuweiten.

Sicher haben sie recht, wenn auch nur wenige verstehen, worum es geht. Und des Beifalls, insbesondere von Frauen, dürfen sie gewiß sein. Frauen denken dabei unterschwellig an »Kreationen« und verbinden damit neue Modeschöpfungen von Dior, die ihnen je nach Aussehen und Körpergewicht ge- oder mißfallen. Aber sie haben wenigstens, im Gegensatz zu vielen Männern, greifbare Vorstellungen. Die begriffliche Abwandlung zu »Kreativität« stört sie nicht. Sie kennen die Richtung, und das genügt. Auch gelingt es ihnen, ihre Männer, die ohnehin für mehr Kreativität sind (schließlich war davon in der Wahlversammlung die Rede), davon zu überzeugen, daß die umwerfenden neuen Kreationen aus Paris die Anschaffung neuer Garderobe unumgänglich machen. So hat jeder etwas von mehr Kreativität: die Frauen durch den Erwerb neuer Kreationen, der Mann, weil er sich wieder bestätigt sehen kann und, wenn auch ungewollt, durch den Kauf neuer Kleider kreatives Handeln praktiziert.

Lauschangriff

»Der Lauscher an der Wand hört seine eigene Schand« ist ein altes deutsches Sprichwort, das – im Gegensatz zum Partei-, Polit- und Behördenchinesisch unserer Tage – keiner Erklärung bedarf. Jedermann weiß, worum es geht. Wer lauscht, wird gelegentlich sein blaues Wunder erleben. Und das ist gut so.

Wenn aber im politischen Bereich von verdammungswürdigen »Lauschangriffen« die Rede ist, so sträubt sich das Gefieder von Leuten, die Deutsch sprechen, Deutsch reden und Deutsch verstehen. Denn: Lauschen ist ein rein passives Verhalten. Man legt das Ohr an die Wand, um aus Neugier, vielleicht auch aus unsittlichen Motiven heraus zu hören, was die Nachbarn gerade treiben oder worüber sie sich unterhalten. Kein vernünftiger Mensch würde dies als Angriff ansehen. Wer angreift, versucht den Gegner, meist unter Anwendung von Gewalt, kampfunfähig zu machen. Lauschen und Angriff sind also gegensätzliche Begriffe.

Nicht so in der Politik, wenn es sich um zweifelhafte, von der Verfassung möglicherweise nicht abgedeckte Abhörmaßnahmen handelt, die staatlicherseits unter Inanspruchnahme der verschiedenen »Abwehrorganisationen« (Militärischer Abschirmdienst, Bundesnachrichtendienst, Verfassungsschutz) ergriffen werden, um politisch verdächtige Zeitgenossen mittels sogenannter »Wanzen« abzuhören. In diesen Fällen handelt es sich also um sogenannte »Lauschangriffe«, obwohl die »Lauschangreifer« nur wissen möchten, ob der Verdächtige eventuell plant oder dabei ist, angesehene Bürger umzubringen, Häuser zu sprengen, Munitionslager in die Luft zu jagen und unseren mühsam aufgebauten sozialen Rechtsstaat zu beseitigen.

Solches als einen »Lauschangriff« zu bezeichnen, ist sprachlich gesehen absoluter Unsinn. Ob man vorbeugt, legitim oder nicht, ist eine andere Frage, aber von Angreifen kann wohl keine Rede sein.

Hier wird, sicher gezielt und nicht ohne Vorbehalt, versucht, mit gekonnten Schlagworten (man erinnere sich nur an die Bezeichnung »Berufsverbot«) unseren sozialen Rechtsstaat zu ruinieren. Schade nur, daß selbst hochangesehene Politiker diesen Begriff vorurteilsfrei übernehmen. Haben sie kein Gespür dafür, daß sie sich damit in die Hände der Gegner begeben? Nun, Hirschbaum und Baumhirsch (= Hirsch und Baum – ehemalige Innenminister) wissen es vermutlich besser, oder etwa nicht?

Law and order

Erstaunlich, daß dieser aus dem Englischen kommende Begriff, der nicht mehr und nicht weniger als »Gesetz und Ordnung« bedeutet, zu harten parteilichen Auseinandersetzungen geführt hat und noch immer führt. Während die einen meinen, daß darauf unsere freiheitliche demokratische Rechtsordnung beruhe, meinen die anderen, unter diesem Deckmantel verberge sich das Bestreben von Reaktionären, nazistische Unterdrückungsmethoden neu zu beleben. Der Bürger hat sich – wenn gelegentlich auch mit Grollen – längst damit abgefunden, daß Gesetze dafür da sind, sie zu beachten und einzuhalten. Er weiß es auch zu schätzen, wenn ihn die Organe des Staates, vornehmlich die Polizei, vor Übergriffen von Rechtsbrechern schützen. Im Gegenteil, für ihn ist die Polizei trotz aller Abwertungsversuche von Extremisten, die – wie Zuhälter und Verbrecher – die Polizeibeamten als »Bullen« zu titulieren pflegen, noch immer »Freund und Helfer«.

Daß es zu den unverzichtbaren Voraussetzungen eines demokratischen Rechtsstaates gehört, den von den gewählten Volksvertretern erlassenen Gesetzen auch Gehör zu verschaffen und diese durchzusetzen, ist die natürlichste Sache der Welt. Dies durch den Gebrauch von Fremdwörtern zu vernebeln, mag unter engstirnigen parteipolitischen Gesichtspunkten gelegentlich nützlich sein. Im Endergebnis aber ist es schädlich. Hitlers Unrechtsstaat ist ein Beispiel dafür. Wozu also dieses Parteigezänk? Schließlich wollen alle demokratischen Parteien, sieht man von den Grünen ab, daß die mehrheitlich beschlossenen und nach demokratischen Spielregeln zustande gekommenen Gesetze beachtet und angewendet werden. Auch kritische Bürger stellen dies nicht in Frage. Daß die Parlamentarier nur aus Lust und Tollerei Gesetze machen, liegt zwar bei manchen Vorschriften nahe; dennoch wäre es sicher ungerecht, die Einsicht unserer Bürger und ihr Verlangen nach einem geordneten Staatswesen zu unterschätzen. Sie nehmen selbst gesetzlichen Schwachsinn in Kauf, wenn im übrigen unsere freiheitliche Grundordnung keinen Schaden nimmt, zumal rechtsstaatlich gewährleistet ist, daß gegen alles und jedes Rechtsmittel gegeben sind und jede den Bürger belastende Entscheidung (Verwaltungsakt) durch unabhängige Richter überprüft werden kann. Nicht zuletzt deshalb wurde der Begriff »Rechtsmittelstaat« geboren.

Was dem gutartigen und mündigen Bürger mißfällt ist nur, daß unsere Ordnungshüter, die Polizisten also, durch die von manchen Politikern begierig aufgegriffenen Schlagworte (Verhältnismäßigkeit der Mittel, Berufsverbot usw.) völlig verunsichert werden. Wenn also, wie beispielsweise in Gorleben (wo Versuchsbohrungen wegen der Lagerung oder Wiederaufbereitung von Brennelementen im Rahmen der friedlichen Nutzung der Atomenergie durchgeführt werden) oder in Essen (wo Strauß vom Recht der Redefreiheit Gebrauch machen wollte), Chaoten und Extremisten auf Bäumen sitzend urinierten, sollte eigentlich die Gemütlichkeit aufhören.

Und was heißt schon »Verhältnismäßigkeit der Mittel«? Sollen unsere nicht gerade überbezahlten Polizeibeamten alles über sich ergehen lassen? Und weshalb dürfen sie eigentlich nicht – jedenfalls wurde dies von einigen Gazetten gerügt – die urinierenden Chaoten von den Bäumen herunterholen? Sollen sie, nur um das Prinzip von der »Verhältnismäßigkeit der Mittel« zu wahren, nur zurückpinkeln dürfen, was schon in Ansehung der jedermann geläufigen physikalischen Gesetze kaum »zielgruppengerecht« zu verwirklichen wäre?

Und was soll man schließlich davon halten, daß im Juni 1981, als vermummte Chaoten in Berlin und anderen Großstädten in bisher nicht gekanntem Ausmaß Schaufenster einschlugen, Geschäfte plünderten, Autos und Häuser anzündeten und Polizisten mit Brandsätzen und Pflastersteinen zu Leibe rückten, der Bundestag die Paragraphen 88 a und 130 a des Strafgesetzbuches aufhob, nach denen die Befürwortung von Gewalt und die Anleitung zu schweren Gewalttaten unter Strafe gestellt war? Sicher ein weiterer Schritt im Sinne von »mehr Demokratie wagen«. Von hohem Demokratieverständnis zeugt auch die Absicht, den Polizisten gut sichtbare Namensschilder zu verpassen und ein Vermummungsverbot als indiskutabel abzulehnen, weil dies das grundgesetzlich verbürgte Demonstrationsrecht einschränke. Inzwischen feiert die Gewalt weitere Triumphe. Trotzdem ist anscheinend die Mehrheit der wohlbewachten Parlamentarier nicht bereit, zum Schutze der Bürger, die sie angeblich vertreten, auch nur die naheliegendsten gesetzlichen Maßnahmen zu treffen. Statt dessen soll der humane Strafvollzug weiter liberalisiert werden (Sextäter erhalten Wochenendurlaub), Gewalt gegen Sachen und ziviler Ungehorsam nur noch strafwürdig sein, wenn dies aus verwerflichen Gründen geschieht, der Nötigungsparagraph nicht mehr für Sitzblockaden gelten (so u. a. die Meinung von 4 hohen Bundesverfassungsrichtern), zumal sich daran neuerdings die Staatsdiener in schwarzer Robe zu beteiligen pflegen. Darüber hinaus ist man vornehmlich bei der SPD und der FDP (von den Grünen ganz zu schweigen) gegen eine im Interesse der Verbrechensbekämpfung erforderliche Verbesserung der Zusammenarbeit der Sicherheitsdienste.

Lebensqualität

Es war Willy Brandt, der diesen Begriff ins Leben gerufen hat und nicht zuletzt deshalb im Jahre 1972 einen hohen Wahlsieg verzeichnen konnte. Er hat auch den »mündigen Bürger« erfunden. Es läßt sich nicht leugnen: Hier spricht nicht nur ein Politiker hohes Grades, sondern auch ein Politiker mit Erfindungsreichtum. Er hat erfaßt, was das Volk will, nämlich mehr Lebensqualität, auch wenn damit der oft zitierte Mann auf der Straße recht unterschiedliche Vorstellungen verbindet.

Aber, und das war bei dieser Wortschöpfung wohl einbezogen, wer könnte nicht für Qualität sein. Wer ein Kleid, einen Anzug oder Unterhosen kauft, möchte qualitativ hochwertige Erzeugnisse haben. Die Übertragung des Qualitätsbegriffs auf die Niederungen der Politik war also längst überfällig. Und wenn hiervon auch noch unser Leben günstig beeinflußt wird, so ist das schon eine gute Sache. Jedermann ist davon angetan und sagt sich, wer so etwas will, ist unser Mann.

Indes, es rief auch Kritiker auf den Plan. Als diese Verheißung von mehr Lebensqualität hohe Wellen schlug, erschien eine Karikatur in Form einer Bildserie von Köhler in der Frankfurter Allgemeinen Zeitung; sie stellte einen völlig aus dem Häuschen geratenen »mündigen Bürger« dar, der mit veitstanzähnlichen Gebärden über die ihm in Aussicht gestellte höhere Lebensqualität zu frohlocken schien, im letzten Bild jedoch in zweifelnder Pose fragt: »Und was is'n das – mehr Lebensqualität?« Nun war diese Frage sicher nicht ganz ernst gemeint.

Dennoch hat sich bei der Verkündung von mehr »Lebensqualität« auch Mißtrauen breitgemacht. Niemand zog in Zweifel, daß dahinter ein berechtigtes Anliegen steht. Nur wurde gefragt, ob es nicht besser ist, unseren Wählern zu sagen, worauf es ankommt und woran sie sind, also zu erklären: »Du kannst nicht alles haben, entweder – oder!« Aber mehr »Lebensqualität« zu fordern, ohne darauf hinzuweisen, daß dies Fleiß, harte Arbeit und Leistung, aber auch Verzicht erfordert, ist unlauter; die aber, so meinten die Politiker, könne man so nicht »verkaufen«. So sannen sie darauf, wie man die in Zeiten des Wachstums und der Vollbeschäftigung verheißene Steigerung der Lebensqualität durch höhere Verdienste, höhere Renten, mehr Freizeit, Kürzung der Wochen- und Lebensarbeitszeit und eine immer engere Knüpfung des sogenannten sozialen Netzes zeitgemäß umdeuten könne. Und sie wußten sich zu helfen. Die Regierenden der sozialliberalen Koalition waren schon pfiffige Leute. Nachdem nämlich die

Kassen leer waren, die Leistungsbilanz negativ war, die Arbeitslosigkeit zunahm und die Beglückung der Bürger mit immer neuen kostenträchtigen Wohltaten wegen der in astronomische Höhe geratenen Staatsverschuldung nicht mehr finanzierbar war, wurde der Begriff Lebensqualität nicht mehr als materieller Wohlstand, sondern als Zustand ideeller Glückseligkeit gepriesen, der in Abkehr von der üblen Konsumgesellschaft nur durch Konsumverzicht seine höheren Weihen erhalte; mit anderen Worten: Der Bürger müsse sich auf Minus- oder Nullwachstum einstellen, den ohnehin ungesunden Wohlstandsbauch abspecken und den Gürtel enger schnallen, zumal Übergewicht krankheitsfördernd und lebensverkürzend ist. Nun weiß der mündige Bürger endlich, was echte Lebensqualität ist. Und die Regierung weiß auch schon, wie sie zu unser aller Nutz und Frommen verwirklicht werden kann.
So hat eine Forschungsgruppe herausgefunden, daß Gänseblümchen siebenmal soviel Vitamin C haben wie grüner Salat. Der teure Salat kann also lebensqualitätsgemäß eingespart werden, was die Regierenden sicher veranlassen wird zu verkünden, dies sei der »erste Schritt in die richtige Richtung«. Und die weiteren Schritte sind, selbstverständlich im wohlverstandenen Interesse der mündigen Bürger, schon vorprogrammiert: Autos werden durch Tretmobile ersetzt, Wohnungen und Einfamilienhäuser zusätzlich mit Instandbesetzern (was Reparaturkosten erspart) und Asylanten aus aller Welt belegt, Ölbrenner in Formularbrenner (auf diese Weise können die unsinnigen Formulare der Behörden nutzbringend verwertet werden) umfunktioniert usw. usw. Wer könnte da nicht jubilieren?

Lehrerschwemme (Akademikerschwemme)

Noch vor wenigen Jahren waren Lehrer Mangelware. Auch Juristen waren stark gefragt. Selbst Absolventen der Hochschule von Bremen fanden gelegentlich noch einen Arbeitsplatz, wenn auch mit Vorbehalt. Schließlich besteht bei sachkundigen Leuten ein verständliches Mißtrauen gegen Studenten, die »aufgrund fortschrittlicher Erkenntnisse« nicht mehr »durchfallen« können und allein durch ihre politische Einstellung zur Elite der Nation, jedenfalls was die Zensuren angeht, aufrücken.
Das ist nun anders geworden. Lehrer und Juristen gibt es mehr als genug. Niemand weiß, am wenigsten unsere Bildungspolitiker, was nun geschehen soll. Sie sagen, eine Akademikerschwemme müsse in Kauf genommen werden. Schließlich komme es vorrangig darauf an, allen jungen Menschen den Weg zum Hochschulstudium zu ermöglichen. Ob sich ihnen später ein geeignetes Betätigungsfeld bietet, sei von untergeordneter Bedeutung. Die Aufzucht eines akademischen Proletariats ist also einkalkuliert. Ob man der jungen Generation, die schließlich einmal arbeiten, ihr Brot verdienen und eine Familie gründen will, damit einen Gefallen tut, sei nicht so wichtig. Also »Akademikerschwemme« über alles! Ein Unternehmer, der noch irgend etwas produziert, was durch neue Techniken überflüssig und unnötig geworden ist, müßte sich, wenn er nicht Konkurs anmelden will, umstellen. Das tut er natürlich auch. Schließlich will er überleben.
Unsere Bildungspolitiker sind davon weit entfernt. Sie produzieren weiter Lehrer, Juristen, Soziologen, Politologen, Psychologen, auch wenn keine oder eine nur sehr begrenzte Nachfrage besteht. Kosten spielen keine Rolle. Was heißt schon Verschwendung von Steuergeldern?!
Die Frage, was diese z. T. sicher recht intelligenten Leute nach Abschluß ihrer Ausbildung tun sollen, bleibt unbeantwortet.
Nun ist es zwar ein Genuß, von Taxifahrern befördert zu werden, die in Fragen der Soziologie, Politologie, Psychologie oder der Jurisprudenz (Rechtswissenschaft) bewandert sind (Gespräche dieser Art haben schon viele Einsichten vermittelt); nur erhebt sich die Frage, ob dies Sinn einer akademischen Ausbildung ist. Leichte Zweifel stellen sich ein. Es gibt noch viele Berufe, in denen junge, intelligente und arbeitsfreudige

Menschen einen sicheren und aussichtsreichen Arbeitsplatz finden könnten. Aber was soll schließlich ein kleiner oder mittlerer Unternehmer mit einem »hochgebildeten« Politologen, der alles und jedes in Frage stellt, ständig protestiert, sich an Sitzblockaden beteiligen muß, aber keine Steckdosen reparieren kann?
Übrigens hat sich in letzter Zeit zur Überraschung der Kultusminister herausgestellt, daß trotz Lehrerschwemme freie Stellen nicht besetzt werden können, weil sich viele Lehrer weigern, einen Ortswechsel vorzunehmen. Wäre es daher nicht angebracht, wenn die Eltern mit schulpflichtigen Kindern in die Wohnorte der umzugsunwilligen Lehrer umziehen? Auch Versetzungen wollen die Lehrer nicht mehr hinnehmen, und dies ausgerechnet im sozialistischen Land Nordrhein-Westfalen. Es soll also nicht mehr möglich sein, einen Lehrer von A nach B zu versetzen, weil A – als Folge der Schülerzahlen – überbesetzt und B unterbesetzt ist.

Leistungsgesellschaft, Leistungsprinzip

Die Begriffe »Leistungsgesellschaft« und »Leistungsprinzip« werden häufig mit recht abwertenden Deutungen bedacht. Der unbefangene, im Beruf stehende und ständig beruflich geforderte Zeitgenosse wird unter »Leistungsgesellschaft« nichts Abträgliches sehen. Er weiß, daß er sich ständig bewähren muß, und das ist oft ein »hartes Brot«. Aber er besitzt auch in aller Regel ein gewisses Selbstverständnis, das ihn befähigt, den beruflichen und sonstigen Anforderungen des Lebens zu genügen. Das Gerede von »Leistungsgesellschaft« und »Leistungsprinzip« ist ihm fremd. Er weiß auch, daß er durch ansprechende Leistungen vorankommen kann. Es wäre nur dann sauer, wenn unter Umgehung des Leistungsprinzips die Sprossen seiner Erfolgsleiter aus unsachgemäßen, nicht leistungsgerechten Gründen »abgebrochen« würden.

Solange Betriebe und Unternehmer Leistungen honorieren, ist alles in Ordnung. Das akzeptieren auch die Leute vor Ort. Sie wollen leistungsorientierte und erfolgreiche Unternehmer, fachlich geeignete »Vorgesetzte« und tüchtige Vorarbeiter, die etwas können.

Wer dies alles mit einem negativen Beigeschmack versieht und »Leistungsgesellschaft« und »Leistungsprinzip« als Überbleibsel einer kapitalistischen Vergangenheit hinstellt, kann nur das sozialistische, in den kommunistischen Ländern praktizierte Wirtschaftssystem wollen:

- Höherwertige Lebens- und Genußmittel nur gegen Bezugsschein oder harte Währung,
- Wohnraumzuteilung (wenn überhaupt vorhanden) durch die Behörden nach festgesetzten Normen,
- Urlaubsreisen (westliche Länder ausgeschlossen) nach Ort und Dauer staatlich gelenkt,
- Autos, Waschmaschinen, Herde usw. nur nach jahrelanger Vorbestellung erhältlich,
- Besuch von Interhotels der Luxusklasse nur für westliche Kapitalisten und sozialistische Funktionäre,
- Ersatzteile aller Art Mangelware usw. usw.

Es ist kein Geheimnis, daß man in einem Ostblockstaat für harte Deutsche Mark an jeder Ecke das Vier- bis Fünffache des amtlichen Wechselkurses erhält.
So gesehen wird natürlich jeder nachdenklich, der das Glück hat, einmal etwas von den Errungenschaften sozialistischer Nachbarländer aus eigener Anschauung zu erfahren. Er streicht die Segel und sagt sich, dann schon lieber »Leistungsgesellschaft« und »Leistungsprinzip«, von der oft verteufelten Wohlstands- und Wegwerfgesellschaft ganz zu schweigen.
Dieses Dilemma zwischen Leistungsgesellschaft und Kapitalismus einerseits und Sozialismus und Mangelversorgung andererseits ist inzwischen auch von der Sowjetunion erkannt worden. Und der neue Führer Gorbatschow (nicht zu verwechseln mit dem gleichnamigen Wodka) weiß dies und versucht deshalb, ganz im Sinne kapitalistischer Prinzipien im Interesse seines Landes und seiner Bürger, nachzuziehen. Er hat begriffen, daß sich nur Leistung auszahlt, und handelt danach und scheut sich nicht, hierfür Glasnost (mehr Offenheit) und Perestrojka (Umgestaltung) zu fordern. Nur »Honey« möchte da nicht mitziehen. Er meint, die DDR habe dies nicht nötig, schließlich werde sie von der Bundesrepublik hinreichend subventioniert.

Lernprozeß

Es gehört zu der besonderen Gabe gewisser Rundfunk- und Fernsehjournalisten (auch Politiker neigen gelegentlich dazu), uns nicht nur mit moralischen Allgemeinplätzen zu beglücken, sondern auch auf die Notwendigkeit eines »Lernprozesses« hinzuweisen. Nun weiß jeder vernünftige Mensch, daß wir nie auslernen. Wozu also diese »moralsaure« Wendung, die bei näherer Betrachtung nur soviel bedeutet, daß wir zu Anschauungen und Verhaltensweisen bewegt werden sollen, die uns bisher fremd waren. So wird uns z. B. weisgemacht, wir müßten lernen, daß auch Systemveränderer, die unsere freiheitliche soziale Grundordnung beseitigen wollen, einen legitimen Platz im öffentlichen Dienst, mit Pensionsberechtigung versteht sich, zu beanspruchen haben. Auch gehört es zu diesem Lernprozeß, endlich zu begreifen, daß uns sozialistische Länder in vielen Dingen voraus sind. Und schließlich solle uns aufgehen, daß Kapitalismus eine ganz üble Sache ist, die nur der Ausbeutung der Arbeitnehmer diene. Wo kommen wir hin, wird schließlich verkündet, wenn wir nicht endlich lernen, dem üblen Konsumterror zu Leibe zu rücken. Offenbar gehört es sich einfach nicht, ein Eigenheim, eine Waschmaschine, einen Fernseher und ein Auto sein eigen zu nennen. Natürlich läßt sich viel für eine sachgerechte Sozialisierung ins Feld führen:

- Weshalb ein Eigenheim für nur eine Familie, obwohl vielleicht Platz für 2 ist?
- Weshalb ein eigenes Auto? Wäre da nicht ein Gemeinschaftsauto auf gesellschaftlicher Basis sozialer?
- Und auch Farbfernseher und Waschmaschine werden ja ohnehin nicht voll genutzt. Weshalb nicht entsprechende Gemeinschaftseinrichtungen?

Natürlich ist da etwas dran. Aber wer will das schon, von Judos, Julis und Jusos abgesehen, die noch nicht im Berufsleben stehen und keine Familie haben, von den Schwulos ganz zu schweigen.

Marsch durch die Institutionen

Es waren weitsichtige Systemveränderer, die als Ausweg aus ihrer Ausweglosigkeit ihren Anhängern rieten, den »Marsch durch die Institutionen« anzutreten, d. h. den freiheitlichen, sozialen Rechtsstaat zu unterwandern. Wer sich eine kritische Einstellung bewahrt hat, wird feststellen, daß der »Marsch durch die Institutionen« inzwischen Erfolge gezeigt hat. Nicht nur in Funk und Fernsehen, selbst in der sogenannten bürgerlichen Presse, in Schule und Kindergarten hat der »Marsch durch die Institutionen« Früchte getragen. Systemveränderer aller Schattierungen von ganz links bis ganz rechts sind inzwischen gut bestallte Beamte mit Pensionsberechtigung. Dazu gehören auch Richter, die sich neuerdings an Sitzblockaden zu beteiligen pflegen und damit (mit vollem Gehalt und voller Pensionsberechtigung) eindeutig und vorsätzlich gegen geltendes Recht verstoßen. Zu hoffen ist, daß sie nicht die Kuh schlachten, die ihnen reichlich Milch gibt. Dennoch bleibt die Sorge, daß sie ideologische Verbohrtheit und die Unkenntnis der sozialistischen Praxis nicht davon abhält, weiter die Systemveränderung »zu besorgen«. Die Verhältnisse in den Schulen zeichnen ein bedrückendes Bild dieser Bemühungen. Und wenn sich gar hochbezahlte Professoren mit Beamtenstatus zu den Hausbesetzern gesellen und dort Vorlesungen abhalten, verschlägt es nicht nur dem hart arbeitenden Kumpel an der Ruhr die Sprache.

Minimieren

Wenn Politiker von »minimieren« sprechen, ist Vorsicht am Platze. Wer darunter die vor Jahren herausgebrachte Mode von kurzen Röckchen und Höschen (auch heiße Höschen genannt) versteht, muß umdenken. Optimisten meinten, nun werde endlich wieder etwas für den »Mann auf der Straße« getan. Die Umwelt wird schöner, menschlicher. Wer sieht nicht gern wohlgeformte Frauenbeine und knackige Popos? Und junge, gutgewachsene Dinger und vollsaftige Weibsbilder dank der Minimode in ihren sonstigen Dimensionen auch nur zu ahnen, verbürgt das nicht auch ein Stück »Lebensqualität«? Doch weit gefehlt.

Die Enttäuschung folgte auf dem Fuße. Denn die Politiker hatten ganz anderes im Sinn. Sie bedienten sich des Wortes »minimieren« nicht in bezug auf die Kleidung (Kürzung von Rock- und Höschenlänge) unserer »mündigen Bürger« weiblichen Geschlechts, sondern in dem Sinne, daß wir endlich begreifen müßten, es sei an der Zeit, unsere Ansprüche zurückzuschrauben. Natürlich hätten sie das auch ohne Gebrauch des Begriffs »minimieren« erklären können. Wer wüßte nicht, daß es auf Dauer so nicht weitergehen kann. Wachstum hat seine Grenzen. Die Zeiten Erhards sind vorbei. Man muß es nur sagen und begründen.

Die Behauptung der Politiker aber, wir, die Bürger, hätten jahrelang über unsere Verhältnisse gelebt und seien schuld, ist ein starkes Stück. Nicht die Bürger, die Regierenden haben trotz vielfältiger Mahnungen und Warnungen kläglich versagt. Die Bürger haben stets nur das ausgegeben (Ausnahmen bestätigen die Regel), was sie verdient hatten. Die verantwortlichen Politiker jedoch haben sich an diese Regel nicht gehalten. Wozu auch? Der Staat ist ja nach unserer Rechtsordnung nicht konkursfähig. Müßte jeder Minister vor seiner Ernennung den Nachweis führen, ein Geschäft oder einen Handwerksbetrieb mit Erfolg betrieben zu haben, sähe es sicher anders aus. Aber Politiker brauchen ja keinen Betätigungs- oder Befähigungsnachweis, sondern nur das richtige Parteibuch zur richtigen Zeit.

Ministerialrat de luxe

Auch Journalisten haben gelegentlich lustige Ideen, z. B. was die Erfindung neuer Begriffe angeht. Hier gehört zweifellos die Namengebung für einen herausgehobenen Ministerialrat, der im Gegensatz zur Masse nicht nach A 16, sondern nach B 3 (also besser) besoldet wird. Dabei muß man wissen, daß es in der Beamtenhierarchie seit Kaiser Wilhelms Zeiten noch immer das 3-Klassen-System – mittlerer Dienst, gehobener Dienst, höherer Dienst – gibt und innerhalb dieser Klassen Amtsbezeichnungen und dementsprechende besoldungsrechtliche Zuordnungen. Wie gesagt: Bei den Ministerialräten unterscheidet man darüber hinaus zwischen Volks- und Luxusausgabe. Hier wird also sinnfällig ein Vergleich zur Autobranche gezogen, wo das gleiche Produkt (je nach PS, Ausstattung und Preis) unter LS, LSG, GT, GTI, GXL, SL, SLC, SE, SEC, GE, GL usw. usw. angeboten wird. Und die Bezeichnung »De luxe« ist besonders in der Konsumgüterindustrie, vor allem bei Elektroherden, Fernsehgeräten usw., eine gebräuchliche (Qualitäts-)Bezeichnung.
Aus dieser Sicht wird nun möglicherweise der unbefangene Betrachter geneigt sein, die Qualitätsbezeichnungen der Konsumgüterindustrie auf die unterschiedliche Qualität der Ministerialräte zu übertragen. Und er wird sich sagen, wie fortschrittlich bereits die Beamtenbesoldung ausgerichtet ist, wenn sie Qualität = Leistung auch entsprechend honoriert.
Bei näherer Betrachtung sieht es jedoch ganz anders aus: Nicht Leistungsmerkmale bestimmen die besoldungsrechtliche Einstufung der Gattung »Ministerialräte«; vielmehr ist aufgrund entsprechender Gesetze lediglich festgelegt, daß ein gewisser Prozentsatz dieser auserlesenen Kaste von Ministerialräten den »de luxe«-Status (auch Ministerialrat zu Pferde genannt) erhält. Insoweit, und das erscheint in hohem Maße verdächtig, sind nicht Qualität und Leistung ausschlaggebend, sondern vornehmlich Dienstalter und das jeweils gefragte Parteibuch. Hier wird also der Unterschied zu unserer leistungsorientierten Wirtschaft offensichtlich:
Wer einen teuren Elektroherd »de luxe« kauft, weiß, daß der höhere Preis mehr Komfort und Qualität nicht nur verspricht, sondern in aller Regel auch gewährleistet. Mit nichtssagenden Versprechungen kann man sich am Markt nicht behaupten. Bei Ministerialräten ist das anders. Hier haben Proporz, Dienstalter, Parteibuch das Sagen. Auch die Zugehörigkeit zu bestimmten Organisationen hat hohen Stellenwert. Schade

eigentlich, daß in diesem Bereich die in der freien Wirtschaft unerläßlichen Qualitätsmerkmale ohne entscheidende Bedeutung sind.
In diesem Zusammenhang drängt sich die Frage auf, ob es nicht für uns alle besser wäre, wenn sich Beamte, Richter und sonstige leitende Angestellte in öffentlichen Körperschaften, Anstalten usw. einer parteipolitischen Enthaltung zu befleißigen hätten, weil im Interesse des Gesamtwohls eine objektive Amtswahrung von politischen Abhängigkeiten jeder Art frei sein sollte. Aber das sind wahrscheinlich wirklichkeitsfremde Vorstellungen. So werden selbst die höchsten Richter unserer Republik unter Parteigesichtspunkten ausgewählt, was – wie die vergangenen Jahre zeigen – die Qualität der Rechtsprechung nicht gerade beflügelt hat.
Daß sich Ministerialräte trotz sinkender Geburtenzahlen und einer besorgniserregenden Bevölkerungsstatistik ständig weiter vermehren (nach einem Bericht der Süddeutschen Zeitung vom 5.4.1979 allein in Nordrhein-Westfalen innerhalb von 10 Jahren – 1968–1978 – um das Dreifache), gehört zu den weiteren Merkwürdigkeiten, denen der steuerzahlende Bürger fassungslos gegenübersteht. Immer weniger Bürger und immer mehr Ministerialräte, von dem ungeheuren Zuwachs in anderen Beamtenkategorien ganz zu schweigen; wer kann das noch mit den Regeln der Logik vereinbaren? Wahrscheinlich nur Ministerialräte de luxe, Ministerialdirigenten (eine Stufe höher), Ministerialdirektoren (noch eins höher), Staatssekretäre (schon Superklasse) und schließlich neben Ministern aller Art noch Staatsminister (eine Schöpfung eigener Art, gewissermaßen eine Volksausgabe der eigentlichen Minister).
Es wäre sicher reizvoll, wenn Statistiker – wozu haben wir ein Statistisches Bundesamt – einmal errechneten, in welchem Jahre unter Berücksichtigung des Geburtenschwunds und der fortschreitenden Beamteninflation der Zeitpunkt gekommen ist, wo es nur noch Beamte gibt. Angesichts der sich jetzt abzeichnenden Entwicklung ist zu befürchten, daß wir von diesem goldenen Zeitalter nicht mehr weit entfernt sind. Die Frage, wer dann noch die Gehälter der Staatsbediensteten aufbringt, könnte das Forschungs- und Wissenschaftsministerium beantworten, vorausgesetzt, daß es für diesen Forschungsauftrag noch Geld in der Kasse hat.

Minuswachstum

Es ist immer wieder in hohem Maße beeindruckend, wenn Politiker – selbst einschlägige Minister und Staatssekretäre – von »Minuswachstum« sprechen. Berücksichtigt man, daß minus »weniger« bedeutet oder »Minus« großgeschrieben soviel wie Verlust oder Fehlbetrag und mangelndes Wachstum, fällt es schwer, den Begriff »Minus« mit »Wachstum« in einen logischen Zusammenhang zu bringen.
Hier wird deutlich, zu welchen Höhenflügen Politiker fähig sind. Sie sagen, daß wir im Grunde wirtschaftlich am Ende sind (Minus), daß wir aber dennoch wachsen. Wer das nicht versteht, ist selbst schuld.

Mündige Bürger

Es war Willy Brandt, der diesen Begriff im Zusammenhang mit dem Ausspruch »mehr Demokratie wagen« geprägt hat. Bezieht man den Begriff »mündig« auf seine rechtliche »Qualität«, so ist mündig jeder deutsche Staatsbürger, der das 18. Lebensjahr vollendet hat. Er kann Verträge abschließen (§§ 2, 104 ff. BGB), heiraten (§ 1 Ehegesetz), an Wahlen teilnehmen oder selbst gewählt werden (Art. 38 Abs. 2 Grundgesetz). Nur wenn es seine strafrechtliche Verantwortung betrifft, hat die Mündigkeit ihre Grenzen. Begeht der »mündige Bürger« etwa im Alter von 18–21 Jahren einen Sexualmord, zündet als vermummter Chaot Häuser an, plündert Geschäfte und verletzt Polizeibeamte, so ist zunächst zu prüfen, ob er nach seiner sittlichen und geistigen Entwicklung zur Tatzeit noch einem Jugendlichen gleichstand (§§ 1, 105 Jugendgerichtsgesetz). Gegebenenfalls findet das mildere Jugendstrafrecht auf die Tat Anwendung, was von unseren modernen Richtern, die sich nach dem Marsch durch die Institutionen inzwischen etabliert haben, in aller Regel praktiziert wird. Die Strafmündigkeit eines volljährigen Bürgers ist also bis zum 21. Lebensjahr noch eingeschränkt. Selbst bei ein und derselben Tat, z. B. Eigentumsdelikten, können verschiedene Maßstäbe angewandt werden: bei der Bestrafung unter Umständen äußerste Milde nach dem Jugendgerichtsgesetz, während beim (zivilrechtlichen) Schadensersatz volle Verantwortlichkeit zwingend vorgeschrieben ist (§§ 828 Abs. 2 BGB). Da kenne sich einer aus.

Die Frage, weshalb jemand mündig ist, an Wahlen teilzunehmen, selbst gewählt zu werden, aber unmündig, wenn es sich um die Begehung von Verbrechen handelt, wird – so ist zu fürchten – auch gutartigen Demokraten schwer begreifbar zu machen sein. Oder hilft insoweit der »mündige Bürger«?

Multilateral

Wer in gehobener Stimmung an einer Theke im Revier einen alten Stammgast fragt, was er von »multilateralen Vereinbarungen« halte, muß mit Unvorhergesehenem rechnen. Er reagiert zunächst einmal sauer. Auf die Versicherung, man gehöre nicht zu denen von der anderen Wellenlänge und habe lediglich auf die Bedeutung mehrseitiger Verträge zwischen Ost und West hinweisen wollen, läßt sich wieder vernünftig plaudern. Die nächste Runde ist fällig.

Die Hoffnung jedoch, nun endlich zu erfahren, welchen Stellenwert der Mann auf der Straße »multilateralen Verträgen« einräumt, erfüllt sich nicht. Er ist zwar bereit, »multilaterale Vereinbarungen« gutzuheißen, wenn er weiß, worum es geht, ansonsten aber bleibt ein Rest von Mißtrauen.

Gott sei Dank ist unsere Sprache nicht so arm, als daß sie »multilateral« (mehrseitig) und bilateral (zweiseitig) nicht mit eigenen Worten ausdrücken könnte. Weshalb es Politiker und Funktionäre nicht beherzigen, ist schwer zu deuten. Vielleicht glauben sie, ein klares Deutsch und eine klare Aussage schade ihrem Persönlichkeitsbild. Daß dies eine völlige Fehleinschätzung ist, wissen sie offensichtlich nicht. Ein Thekengespräch in einer Eckkneipe des Reviers könnte ihnen die Augen öffnen.

Multiplikatoren

Wer in einer Sitzung das erste Mal von dem Anliegen hört, die neuen Erkenntnisse, Vorhaben, Ideen usw. müßten im Interesse einer »optimalen Kommunikation« gezielt durch entsprechende »Multiplikatoren« verbreitet werden, ist verwirrt oder wird gar von Minderwertigkeitsgefühlen heimgesucht. Formulierungen dieser Art, von Politikern oder Funktionären gebraucht, verfehlen bei gutartigen Zuhörern selten ihre Wirkung. An der Richtigkeit »multiplikatorischer« Vorhaben wird kaum jemand zweifeln. Dies wäre auch unklug und könnte den Vorwurf der Unwissenheit zur Folge haben. Auch spielt das im Unterbewußtsein schlummernde Gefühl, da wird schon etwas dran sein, eine Rolle. Also muß man es gutheißen, schon um nicht in den Verruf zu kommen, rückständig zu sein.

Wer sich im nachhinein selbstfragend erinnert, was es denn eigentlich mit Multiplikation und Multiplikatoren auf sich hat, ist in hohem Maße verunsichert. Er stellt mit Erstaunen fest, daß es sich bei der Multiplikation um eine bereits in der Volksschule (heute heißt es wohl Hauptschule) geübte Grundrechenart handelt, nämlich um die Vervielfältigung einer Zahl mit einer vorgegebenen Zahl, z. B. 2 x 2. Das wirkt beglückend und verwirrend zugleich.

Denn, so wird man sich fragen, was hat es mit Multiplikatoren zu tun, wenn beispielsweise keine abstrakte Zahl multipliziert wird, sondern der Absatz von »grüner Seife«, Reizwäsche oder Gummibärchen durch Einschaltung von Multiplikatoren gesteigert werden soll. Da gilt es, tiefer zu schürfen.

Unsere Sprache überträgt nämlich auch reine Fachausdrücke seit langem in die Allgemeinsprache. Und so wird heute der Begriff Multiplikatoren weit über den mathematischen Bereich hinaus verwendet. Auch Menschen oder Gruppen werden als Multiplikatoren angesehen, die kraft ihres Amtes oder aufgrund ihrer Sachkunde geeignet sind, größeren Gruppen oder sogar einer breiten Öffentlichkeit Unverständliches verständlich zu machen, was in der Politik zweifellos vonnöten ist.

Wenn dem so ist, werden wir wohl mit Multiplikatoren leben müssen, obwohl diese Bezeichnung außerhalb der Mathematik nicht gerade sprachliche Lustgefühle erweckt. Tröstlich nur, daß es Schlimmeres gibt.

Nachvollziehen

Es wird immer ein Geheimnis bleiben, weshalb stets irgend etwas, so jedenfalls nach den Reden unserer Polit- und Parteioberen (Funktionäre aller Art eingeschlossen), »nachvollzogen« werden muß. So müssen z. B. neue Erkenntnisse, Ideen und Vorstellungen, die irgendwie in das eigene Programm passen, schleunigst »nachvollzogen« werden. Dies bedeutet nicht mehr und nicht weniger, als daß man sich sinnvollen Neuerungen nicht verschließen darf, diese vielmehr mit allen Mitteln fördern sollte. Das leuchtet ein. Aber weshalb in Gottes Namen »nachvollziehen«? Genügt es nicht, daß man sich für eine neue, gute Sache verwendet und einsetzt? Nein, so wird von Polit- und Parteiprofis versichert, dies genüge eben nicht. Wenn nämlich etwas »nachzuvollziehen« sei, nämlich das von Politikern und Funktionären als Weisheit letzter Schluß für richtig Erachtete in die Tat umzusetzen, reiche ein entsprechender Hinweis nicht, weil dies zu kritischem Nachdenken verführe. Schließlich müsse das, was höheren Orts als »nachvollziehbar« befunden werde, auch gefälligst »nachvollzogen« werden.

So vollziehen wir also weiter nach. Die da oben werden es schon wissen, was uns guttut. Vertrauen ist alles. Tröstlich, daß heute noch Familiengerichte vom Vollzug des Beischlafs sprechen. Da weiß man wenigstens, worum es sich handelt.

Naßzelle

Wer sich plötzlich in einem Ausschuß wiederfindet, der sich mit der Erstellung von öffentlichen Häusern (im Sinne von Verwaltungsgebäuden, Schulungseinrichtungen, Verwaltungsakademien usw.) zu befassen hat, muß vieles lernen. Da wird ihm von Sachverständigen und Bürokraten mit beredten Worten dargelegt, daß von der Bauplanung und Baugestaltung her wirklich an alles gedacht sei, um zum Beispiel eine Schulungseinrichtung von höchster Güte zu schaffen: Schulungsräume (voll klimatisiert natürlich), Seminarräume, Ruhezonen, »multivisuelle« Einrichtungen, Aula, Räume für »gruppendynamische« Unterhaltungen, Kegelbahnen, Schwimmhalle, »Freizeitgehege« usw. usw.

Wer, an seine eigene Ausbildung denkend, geringe Zweifel hegt, ob dies alles unbedingt nötig sei und auch die hohen Folgekosten bedacht worden seien, wird von bildungspolitischen Höhenflüglern eines Besseren belehrt. Um nicht rückständig zu erscheinen, gibt man schließlich nach. Untergründige Zweifel regen sich jedoch, wenn im Ausschuß von der Ausgestaltung der »Naßzellen« die Rede ist. Älteren Zeitgenossen, die noch die »Segnungen« des »3. Reiches« miterlebt haben, überfällt ein ungutes Gefühl. Mehr noch: Sie sind schockiert. Mit derartigen Einrichtungen hatte man schließlich nicht nur im »3. Reich«, sondern auch in anderen Diktaturen unbotmäßigen »Dissidenten« (Ungläubigen) durch Kaltwasserbehandlung »Mores« (Sitte, Anstand) gelehrt.

Eingedenk dieser trüben Erinnerungen läßt sich nur mit Freude feststellen, daß es sich bei den vorgesehenen »Naßzellen« lediglich um den Einbau von Bad, Dusche, WC in Einzelzimmer handelt. Wer könnte da noch Naßzellen in Frage stellen? Die Kosten spielen ja in öffentlichen Haushalten ohnehin keine Rolle. Jedem Auszubildenden sein eigenes Klo, ist das etwa nichts?

Neue Dimensionen

Wenn man den Politikern glauben darf, leben wir in einer Zeit, wo alles und jedes »neue Dimensionen« erreicht. Geht es beispielsweise darum, daß eierlegende Hühner in umweltfeindlichen Legebatterien zu immer neuen Höchstleistungen aktiviert werden, so werden »neue Dimensionen« in der Eierproduktion sichtbar. Werden Schüler und Schülerinnen im Rahmen des Sexualunterrichts mit den unterschiedlichsten Praktiken der Fortpflanzungstechnik vertraut gemacht, wird von »neuen Dimensionen« im Bereich zwischenmenschlicher Beziehungen gesprochen. Und wenn Politiker den Geburtenrückgang (trotz Sexualunterricht oder gar deshalb) beklagen, werden, so jedenfalls nach den Reden der Politiker, »neue Dimensionen« erkennbar. Auch ergeben sich immer »neue Dimensionen«, wenn Gesetze genau das Gegenteil von dem bewirken, was sich die Gesetzemacher davon erhofft haben. Auch weniger brisante Themen, die unsere Gesellschaftsordnung berühren, werden ständig und stets mit dem Anspruch versehen, es gelte, Zeichen für »neue Dimensionen« zu setzen. So sei auch das Fahrrad als Fortbewegungsmittel angesichts des gebotenen Umweltschutzes von »neuer Dimension«, desgleichen der Ausbau von Fahrradwegen, die Energiegewinnung durch Windmühlen und den Einsatz von Goldhamstern (die bekanntlich aus »Trimm-Dich-Gründen« durch Jogging ständig Trommeln zum Rotieren bringen, was sich in Energie umwandeln läßt), die Schaffung von Fußgängerzonen, die Errichtung von Seniorenheimen usw. usw.
Nun wäre wahrscheinlich zu Recht von »neuen Dimensionen« zu sprechen, wenn man an die sinnlose Verschwendung von Steuergeldern und an die unvermindert anhaltende Gesetzesflut denkt. Aber das gehört sich natürlich nicht. Denn was sollten viele unserer hochdotierten Minister und Parlamentarier den ganzen Tag treiben, wenn sie nicht ständig neue unsinnige Gesetze formulieren dürften. Die Ehefrauen haben es gern. Denn sonst könnten ihre Ehemänner, Müßiggang ist aller Laster Anfang, auf Abwege geraten. Dann lieber Gesetze, meinen sie. Das tötet den Sex außer Haus.

Nulltarif

Will man dem Duden Glauben schenken, so handelt es sich bei einem Tarif um die Festlegung von Preis- bzw. Gebührensätzen für bestimmte Lieferungen und Leistungen. Diese Deutung entspricht auch den zwischen den Tarifvertragsparteien (Gewerkschaften und Arbeitgebervereinigungen) ausgehandelten Tarifverträgen. Der »Nulltarif« ist indes von anderer Größenordnung. Hier geht es darum, daß insbesondere die Grünen, sozialistische Jugendorganisationen und kommunistische Vereinigungen den Anspruch erheben, öffentliche Verkehrsmittel kostenlos (zum Nulltarif) benutzen zu können. Wer könnte dem widersprechen? Denn wer möchte nicht gern ohne Bezahlung mit Bahn, Bus, U-Bahn und Straßenbahn durch die Gegend fahren? Die Frage, auf wessen Kosten dies geschehen soll, stellt sich nicht. Dafür gibt es schließlich den »Nulltarif«. Und das ist ja wohl eine ausreichende Begründung.

Nullwachstum

Daß »Null« auch Wachstum sein kann, ist beeindruckend, wenn auch schwer verständlich. Nach Adam Riese ergibt Null mit einer noch so hohen Zahl vervielfältigt 0, dieses Ergebnis war mathematisch unanfechtbar. Damit hat es jetzt ein Ende. Wir wachsen weiter, auch wenn es unter dem Strich nichts bringt. Aber wer weiß das schon? Daher ist »Nullwachstum« eine gute Sache. Und der kleine Mann frohlockt: »Ist das etwa nichts, wenn unsere Politiker aus Null auch noch etwas Wachstum machen?« Wir sind zwar am Ende, aber wachsen trotzdem. Wie sagte doch Kaiser Wilhelm, »wir gehen herrlichen Zeiten entgegen«. Und um mit Papa Heuss, dem ersten Bundespräsidenten zu sprechen, »nun nullwachstumt mal schön«! Aber inzwischen wachsen wir ja wieder. Leider auch in bezug auf die Arbeitslosigkeit. Und unser Tausendsassa, Arbeitsminister Blüm, hat schließlich andere Sorgen. Er muß in Chile Ordnung schaffen und 14 Chilenen retten. Was bedeuten da schon 2,3 Millionen Arbeitslose im eigenen Land?

Öffentliche Hände

Es gibt kaum einen Finanzminister, ob im Bund oder in den Ländern, der nicht in hohem Maße beklagt, daß die immer unerträglicher werdenden Steuern auf ein erträgliches Maß herabgesetzt werden müßten. Was dem entgegenstehe, so wird versichert, seien die »öffentlichen Hände«, die für alles und jedes immer mehr Geld beanspruchten. Die Finanzminister sagen also nicht, daß sie immer mehr Geld dem Steuerzahler aus der Tasche ziehen wollen. Sie sind ja so bescheiden! Schuld daran hätten nur die »öffentlichen Hände«.

Was, fragt sich der gebeutelte Steuerzahler, habe ich mit den »öffentlichen Händen« zu tun! Ihm ist zwar geläufig, daß »öffentliche Häuser« aus vielerlei Gründen eine nützliche Einrichtung sein mögen. Er weiß in aller Regel auch, daß es eine Unzahl öffentlich-rechtlicher Körperschaften gibt (Sozialversicherungsträger, Handwerkskammern usw.) und – wenn er literarisch interessiert ist – auch, was es mit den »Schmutzigen Händen« von Paul Sartre auf sich hat. Nur mit den »öffentlichen Händen«, die immer mehr Geld von ihm haben wollen, weiß er wenig anzufangen. Mißtrauen breitet sich aus. Daß er Steuern zahlen muß, und zwar in hohem Maße, ist ihm nicht fremd. Was ihn verunsichert ist nur, daß nach den Reden der Finanzexperten nicht Bund, Länder und Gemeinden immer mehr Geld haben wollen (daran hat er sich gewöhnt), sondern die bösen »öffentlichen Hände« die Hand aufhalten. Daß Bund, Länder und Gemeinden begrifflich mit den sogenannten »öffentlichen Händen« im wesentlichen identisch sind, wird schamhaft verschwiegen. Dem Erfinder dieses Begriffes sollten die »öffentlichen Hände« ein Denkmal setzen.

Parteibuchbeamter

Dieser Begriff hat eine lange Geschichte. Schon in der Weimarer Zeit und noch mehr in der Nazizeit wußte jeder Einsichtige, daß eine hohe Stelle in der Beamten- und Staatshierarchie von der Mitgliedsehaft in einer entsprechenden Partei abhing. Im 3. Reich war dies ziemlich einfach, weil es nur eine Partei gab: die NSDAP. Die Frage, bei welcher Partei man am besten Karriere machen konnte, stellte sich nicht. In den Nachkriegsjahren war dies schon wesentlich schwieriger. Es gab mehrere Parteien. Die Karrieremacher waren also schon genötigt, zur rechten Zeit das »richtige Parteibuch« zu erwerben. Hatten sie »richtig« gewählt, war ihnen ein höheres Amt mit Pensionsberechtigung sicher. Schade eigentlich, daß ohne das richtige Parteibuch (ob SPD, CDU, CSU, FDP usw.) höhere Posten – trotz hoher beruflicher Befähigung – in der Regel nicht erreichbar sind. So kann man ohne entsprechendes Parteibuch nicht einmal Richter des Bundesverfassungsgerichts werden. So sieht also die im Grundgesetz verbürgte Gewaltenteilung aus? Also auch hier schon Parteibuch statt fachlicher Qualifikation und parteilicher Unabhängigkeit? Nun ist sicher etwas dran, daß ein Zuviel an Sachkunde den Blick für wichtige Entscheidungen trübt. Daher: Je höher das Amt, um so weniger ist Sachkunde gefragt. Um es noch deutlicher zu sagen: Wer sachkundig ist, ist im allgemeinen für höhere Positionen ungeeignet. Und wer nur bis 3000,– DM im Monat verdienen will, muß viele Prüfungen bestehen. Wer ein Mehr- oder Vielfaches davon verdienen will, ist von Leistungsnachweisen frei. Er muß nur das richtige Parteibuch haben und ist seiner »Bestallung« sicher. Nun wäre auch das noch zu ertragen, wenn dies nicht häufig dazu führen würde (und wohl auch muß), dem Parteibuchbeamten einen sachkundigen »Nichtparteibuchbeamten« zur Seite zu stellen (genauer: zu unterstellen), damit auch die dem Amt obliegenden Aufgaben erledigt werden können. Das erfordert zwar eine zusätzliche Planstelle; aber das ist wohl im Interesse der Sache ohne Belang, zumal Kostendenken im öffentlichen Dienst wenig gefragt ist. Man denke nur an die vielen im sogenannten Ruhestand müßiggehenden politischen Spitzenbeamten, die insbesondere bei Ministerwechseln mit hohen Pensionen zum süßen Nichtstun verurteilt wurden. Ein Vorschlag, diese angeblich hochqualifizierten und müßiggehenden Beamten einer segensreichen und vernünftigen Arbeit zuzuführen (insbesondere im Innerdeutschen Ministerium, das angeblich wie sein Innerdeutsches Institut völlig unterbesetzt ist) wurde nicht einmal beantwortet.

Pluralistische Gesellschaft

Wer ist nicht zutiefst beeindruckt, wenn im Parlament und auch sonst die »pluralistische Gesellschaftsordnung« entweder im negativen Sinne angeprangert oder aber als der »Weisheit letzter Schluß« gepriesen wird? Nur weiß eigentlich kaum jemand, worum es geht.

Fragt man Politiker, was es damit auf sich habe, erhält man die beruhigende Versicherung, es gehe dabei gar nicht um neue Erkenntnisse. Man wolle nur »deutlich« machen, wie wichtig es sei, die Vorstellungen unserer Gesellschaft in ihrer ganzen Bandbreite (Bandbreite ist immer gut) bei den gesellschaftspolitischen Entscheidungen zu berücksichtigen. Das ist, wer könnte daran zweifeln, eine wichtige Sache. Dies um so mehr, als »Pluralismus« auch nach Duden als eine Gesellschaftsordnung zu deuten ist, die der Vielfalt der gesellschaftlichen Gruppen und Wertvorstellungen Rechnung trägt. Wer könnte das nicht gutheißen? Denn wo kämen wir hin, wenn nicht alle gesellschaftlichen Gruppen, vom Kaninchenzüchterverein bis hin zur Vereinigung gefallener Mädchen, bei der politischen Meinungsbildung Berücksichtigung fänden? Das Leben hat seine Gefahren und ist von einer reichen Vielfalt. Wie schön, daß unsere Politiker dies erkannt haben und uns damit zu noch mehr Glückseligkeit zu verhelfen trachten. Zweifel an diesem wohllöblichen Bemühen sind sicher nicht von der Hand zu weisen. So steht statistisch fest, daß es in der Bundesrepublik weit mehr Mitglieder in Vereinen, Verbänden, Organisationen usw. gibt als Bürger. Die Zahl von Interessengruppen aller Art ist Legion. Sie unter einen Hut zu bringen ist unmöglich. Vielleicht sind deshalb die Gesetze so wirr?

Sorgen dieser Art haben unsere Brüder und Schwestern in der DDR nicht. Da gibt es keine pluralistische Gesellschaft. Wozu auch? Es sind von A–Z alles Werktätige, die im Arbeiter- und Bauernstaat nur zu frohlocken haben.

Politologe

Immer mehr Politologen bevölkern unser Land und haben dann und wann als Professoren Gelegenheit, im Fernsehen aufzutreten. Dabei entwickeln sie die beneidenswerte Gabe, nicht nur uns als Fernsehzuschauer zu belehren, sondern auch die Politiker, und selbst solche, die sogar etwas von Politik verstehen, was ja mitunter vorkommen soll. Nun sind »Politologen« laut Wörterbuch Wissenschaftler auf dem Gebiet der Politologie, und Politologie ist die Wissenschaft von der Politik. Hier »beißt sich also die Katze in den Schwanz«. Unsicherheit breitet sich aus. Man weiß nicht so recht, worum es eigentlich geht. Schließlich kommt man dahinter, daß Politologen Menschen männlichen oder weiblichen Geschlechts sind, die Politik als Wissenschaft betreiben, also herauszufinden versuchen, welche Maßnahmen zur Führung, Erhaltung und Verwaltung eines Gemeinwesens sowie zur Wahrung der Interessen und Ziele im Verhältnis zu anderen Staaten notwendig sind. Da läßt sich aufatmen. Nun fragt man sich, zu welchem »Nutz und Frommen« dies geschieht, zumal durch ein solches Politologiestudium viele leistungsfähige und mit der Wirklichkeit nicht vertraute junge Leute von einem traditionellen Studium abgehalten werden. Denn, wie jedermann weiß, läßt sich Politik nicht erlernen, auf keinen Fall durch ein wissenschaftliches Studium. Man hat's oder man hat's nicht. Wie sagte doch Bismarck (Politologen sollten es eigentlich wissen): Politik ist keine Wissenschaft, sondern Kunst. Oder halten die Politologen Bismarck für einen edlen Kornbrand?

Sicher kann es hilfreich sein, wenn Politiker in ihren Jugendjahren ein ernsthaftes Studium mit Erfolg hinter sich gebracht haben. Und es ist gewiß nicht schädlich, wenn sie z. B. beide juristische Staatsexamen (Referendar und Assessor) mit überdurchschnittlichen Ergebnissen abgelegt haben. Auch muß es nicht unbedingt abträglich sein, wenn ein Landwirtschaftsminister Landwirtschaft, ein Wissenschaftsminister Philologie und ein Wirtschaftsminister Wirtschaftswissenschaften studiert hat, noch dazu, wenn er sich darüber hinaus in »freier Wildbahn« – also beispielsweise als Lehrer und Dozent oder als Betriebsleiter – bewährt hat. Auch Kanzler verdienen Achtung, wenn sie durch ein ernst zu nehmendes, erfolgreiches Hochschulstudium die damit verbundene Mühsal am eigenen Leibe erfahren haben. Sich im stillen Kämmerlein schwierige Sachkenntnisse anzueignen, erfordert Disziplin, Ausdauer und Zielstrebigkeit; es formt und prägt den Menschen, der später einmal hohe Verantwortung zu tragen und wichtige Entscheidungen zu treffen hat.

Allein der mühsame Weg einer volljuristischen Ausbildung – auch Bismarck, Goethe, Stresemann, Adenauer, Heinemann waren Juristen – kann segensreich sein, wobei es weniger auf die Anreicherung von Paragraphenkenntnissen ankommt, vielmehr auf die Erlernung logischen Denkens und die Fähigkeit, Sachverhalte zu erfassen und das Wesentliche vom Unwesentlichen unterscheiden zu lernen. Entsprechendes gilt natürlich auch für andere Fachgebiete, wobei keineswegs verkannt werden soll, daß es Naturtalente gibt, die dies alles nicht brauchen. Sie sind begnadete Einzelgänger von hohen Graden und haben Anspruch auf unser aller Anerkennung. Leise Zweifel regen sich allerdings dann, wenn in den einschlägigen Lebensläufen von Politikern als Berufsbezeichnung »Journalist« auftaucht. Da sind Berufe wie »Werkzeugmacher«, »Stahlwerker«, »Einzelhändler«, »Prokurist« oder »Abteilungsleiter« schon sympathischer. Und wer sich gar als »Politologe« ausweist, begegnet meist Mißtrauen. Diese Bedenken sind wahrscheinlich auch Grund dafür, daß »Politologen« nirgendwo – weder in Industrie, Wirtschaft, Verbänden oder Verwaltung – gefragt sind. Warum sie dennoch »produziert« werden, bleibt das Geheimnis unserer Bildungspolitiker. Sie können im Gegensatz zu Wirtschaftsunternehmen am Markt vorbeiproduzieren, weil sie weder Konkurse noch wirtschaftliche Nachteile zu befürchten haben. So werden also weiter Politologen ausgebildet, obwohl sie niemand haben will. Ihre Einsatzmöglichkeit beschränkt sich auf einschlägige Assistentenstellen an den Hochschulen zwecks Ausbildung neuer Politologen. So schließt sich der Teufelskreis. Denn was sollen Politologen, die niemand will und braucht, und wo sollen sie hin, wenn auch die Hochschulen davon übersättigt sind? Sie gehen auf die Straße und protestieren gegen alles und jedes.

PR (Public Relations)

Es ist in unserer sozialen Marktwirtschaft, darüber gibt es keine Zweifel, ein berechtigtes Anliegen von Industrie, Wirtschaft und Handel, »Öffentlichkeitsarbeit« (PR = Public Relations) zu betreiben, d. h. über die unmittelbare Werbung für Erzeugnisse aller Art hinaus durch eine gekonnte Selbstdarstellung Vertrauen zu erwecken, Kontakte zu suchen und im Rahmen einer umfassenden Information dem Konsumenten das Gefühl zu geben, gut beraten zu sein, wenn er sich für ein Erzeugnis dieser oder jener Firma entscheidet. Dies ist eine Sache, die in unsere leistungsorientierte soziale Marktwirtschaft paßt. Dies hat inzwischen auch Gorbatschow, der neue große »Meister« der UdSSR, begriffen. Er macht jetzt in Glasnost, was soviel wie Offenheit bedeutet.
Indes breitet sich Mißbehagen aus, wenn diese in unserer freien Marktwirtschaft unerläßlichen werblichen Maßnahmen auch in den »öffentlichen Bereich«, d. h. auf staatlicher und kommunaler Ebene, unter Verschwendung von Steuergeldern Eingang finden, und zwar mit dem Ziel, die jeweils Regierenden an der Macht zu halten. So wird man vor jeder Wahl von den regierenden Parteien mit einer Flut von Broschüren beglückt, in denen nachzulesen ist, was die gutbezahlten Politiker alles für uns getan haben. Als besonders störend empfinden es hartgebeutelte Steuerzahler, wenn in diesen Schriften die jeweils amtierenden Minister, Regierungspräsidenten, Oberbürgermeister usw. abgebildet sind. Nun haben wir ja seit Hitler Gott sei Dank den Personenkult abgelegt. Deshalb fragen sich immer mehr kritische Bürger, welchen Sinn es haben soll, daß alle möglichen Broschüren der Bundesregierung und der Länderregierungen, aber auch solche von Städten und Gemeinden, mit Konterfeis (Bildern) der jeweiligen Minister, Oberbürgermeister usw. versehen, nötig sein sollen. Wer kann schon noch der Meinung sein, es kommt auf das äußere Erscheinungsbild eines Ministers, Regierungspräsidenten, Oberbürgermeisters usw. an. Sachverstand, Leistung, Bürgernähe, Bescheidenheit haben bei unseren Bürgern einen höheren Stellenwert. Und so stellt sich die Frage, ob die Politiker, die sich bei jeder passenden und unpassenden Gelegenheit in amtlichen Faltblättern und Heften, von Wahlplakaten ganz zu schweigen, in edler Pose von ihrer »Schokoladenseite« her abbilden lassen, wirklich glauben, damit ihre Unentbehrlichkeit beweisen zu können. Selbst wenn diese Rechnung aufginge – und die PR-Manager werden ja gute Gründe haben, dies anzunehmen –, dürfte eine solche Art der Selbstbeweihräucherung unter Einsatz von Steuergeldern kaum heiter stimmen. Damit

soll nichts gegen eine umfassende Sachinformation unserer Bürger zu allen uns bewegenden Fragen gesagt werden. Das ist notwendig und nützlich. Aber Konterfeis von Ministern usw. überall und immer, muß das sein? Persil wirbt ja auch nicht mit dem Bild des Herrn Henkel. Im übrigen: Es gibt so hübsche Fotomodelle.
Der Drang hoher Politiker aller Schattierungen nach Publicity beschränkt sich jedoch nicht auf Fernsehauftritte, Konterfeis, Vorworte in Broschüren, Interviews, Begrüßungsreden zu allen Gelegenheiten und so fort. Die hochdotierten PR-Leute haben nämlich herausgefunden, daß es Bürger, insbesondere weibliche Wähler, gibt, die sich auch für unpolitische, rein menschliche Dinge dieser Auserwählten interessieren. Daher werden die Massenmedien auch mit diesen Daten reichlich gefüttert. So erfährt man, welche Kreationen die Minister-Frauen beim Gartenfest des Bundeskanzlers getragen haben, welche Hobbys gepflegt werden, wo der Urlaub verbracht wird, welche Musik und welche Literatur bevorzugt wird, was die Kinder treiben usw.
Auch Schlimmes wird berichtet, insbesondere wenn sich streßgeplagte Politiker in Ausübung ihrer Ämter hohen Gefahren aussetzen. So wurde im Juli 1981 in fast allen Zeitungen (nicht nur in »Bild«), selbst in Blättern von hohem Rang, an hervorragender Stelle berichtet, daß sich der Bundesinnenminister, Herr Baum, in Somalia eine Darminfektion zugezogen habe und sich »dieserhalb« übers Wochenende in eine Klinik begeben mußte. Nun sind aufgrund dieser Nachricht nicht alle Leser in Tränen ausgebrochen. Einige fragten sich, was der Innenminister, der doch im Lande zu wirken hat, in Somalia zu suchen habe. Und wer im letzten Krieg das »Glück« hatte, in Rußland zu sein, erinnert sich, daß damals die »zuständigen« Sanitätsgefreiten das dem Minister zugestoßene Übel nicht mit Darminfektion, sondern mit »Dünnpfiff« (aus 3 Meter Entfernung durch den Trauring) zu bezeichnen pflegten. Und als Therapie wurde nicht eine klinische Behandlung, sondern – mit dem Hinweis, sich schleunigst wieder an die Front zu begeben – Kohle verschrieben. Oder hätte Baum in dieser Situation damals das Verfassungsgericht angerufen?
Diese rauhen Sitten sind natürlich in einem freiheitlich-demokratischen Rechtsstaat nicht »nachvollziehbar«.

Pragmatismus / Programmatik

Fremdwörter haben es in sich, Politiker und Funktionäre wissen davon. Sie kennen auch die Wirkung. Der sogenannte »kleine Mann« schätzt es, wenn die von ihm gewählten Vertreter mit geschliffenen Worten angeblich vollbrachte Wohltaten loben und Vorstellungen für die Zukunft anpreisen. Er weiß sich in guten Händen und in seiner Wahl bestätigt, wenn er von pragmatischen Notwendigkeiten und programmatischen Forderungen hört. Zwar sind die Unterschiede dieser fast gleichlautenden Begriffe nicht jedermann geläufig. Aber der so Angesprochene hat das Gefühl, so wird es wohl richtig sein. Denn pragmatisch zu handeln und programmatisch zu fordern, das ist ja schließlich etwas. Daß es dabei um zwei Paar Schuhe geht, interessiert nicht. Wer versucht, diese Unterschiede zur Sprache zu bringen, stößt meist auf Unverständnis und Mißtrauen. Daß sich pragmatisches Handeln mehr auf das jeweils Machbare erstreckt, programmatische Vorstellungen aber zukunftsweisend unverzichtbare Zielsetzungen bis hin zur Gesellschaftsveränderung anstreben, ist weitgehend unbekannt.
Daher wäre es sicher ehrlicher, im Klartext zu sagen: »Liebe Freunde, dies und dies ist machbar, vertretbar und durchsetzbar, aber dies und jenes müssen wir erst als unsere Zielvorstellung (= Programm) durchzusetzen versuchen.«
Statt dessen wird in Pragmatismus und Programmatik »gemacht«, und der »Mann auf der Straße«, auf den es schließlich ankommen sollte, ist verwirrt. Da helfen auch die Politsendungen im Fernsehen nicht weiter, die nach demoskopischen Feststellungen nur 30 % der Bevölkerung verstehen.

Profilneurose

Es wäre unlauter zu behaupten, daß wir nicht alle mehr oder weniger »profilneurotisch« veranlagt sind, d. h., der Drang zu menschlicher Selbstbestätigung ist bei jedem vorhanden. Übertriebene Bemühungen hierzu, die z. T. Züge der Unverständlichkeit bis hin zur Lächerlichkeit annehmen, machen die eigentliche Profilneurose aus.
Wer das Glück oder Pech hat, an vielen Sitzungen teilnehmen zu müssen, wird Profilneurotikern immer wieder begegnen. Obwohl man mit ihnen vor und nach der Sitzung durchaus vernünftige Gespräche führen und auch über den Unfug vieler meist unnötiger Zusammenkünfte scherzen kann, gebärden sie sich in den Sitzungen urplötzlich »wie aus heiterem Himmel« als Fürsprecher und Verfechter von Thesen, die bei näherer Betrachtung nur »Schall und Rauch« sind.
Ist man länger im Geschäft und weiß man etwas Bescheid, erkennt man, daß diese profilneurotischen Höhenflüge lediglich zum Nachweis dafür dienen, wie man sich wieder einmal für den eigenen »Verein« selbstlos eingesetzt hat. Die Wiederwahl ist gesichert.
So gesehen sollte man vielleicht auch hohen Politikern (Minister eingeschlossen) nicht verübeln, wenn sie sich ständig als »Profilneurotiker« gebärden. Da brauchen nur das Fernsehen, »Bild«-Zeitung, »Spiegel« oder »Stern« anzuklopfen, sie sind sofort bereit, die Hosen herunterzulassen und Profil zu zeigen, auch wenn die gestellten Fragen noch so schwachsinnig sind und der Po nicht sonderlich attraktiv in Erscheinung tritt.

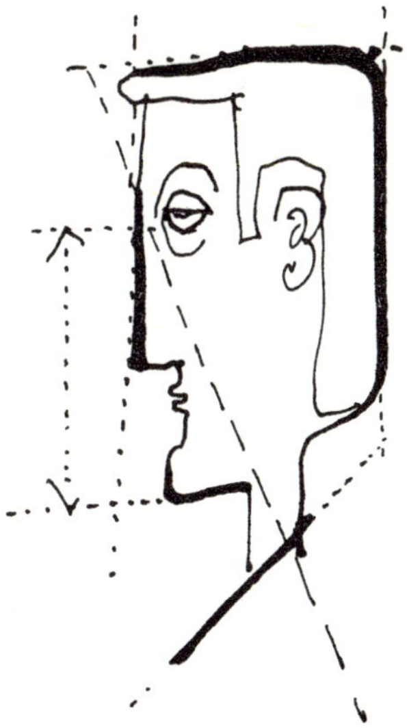

Proporz, konterkarieren

Der mit Fremdwörtern nur wenig vertraute Bürger ist in aller Regel beeindruckt, wenn Politiker und Funktionäre von der Notwendigkeit sprechen, der »Proporz« müsse auf jeden Fall gewahrt und nicht durch listige Manipulationen (= Machenschaften) »konterkariert« werden. Nun gibt es Politiker, die wissen, was sie sagen, aber es gibt auch »Schlitzohren«, bei denen das Wortgeklingel einen höheren Stellenwert hat als eine sachliche Information. Wie dem auch sei:

Nur wenige Bürger wissen mit derartigen Redensarten etwas anzufangen. Es wäre müßig, den Kumpel im Revier darüber nach seiner Meinung zu fragen. Er wäre verunsichert und in hohem Maße argwöhnisch. Sicher mit Recht.

Wer nun selbstkritisch fragt, worum es denn eigentlich gehe, wird ernüchtert, weil »Proporz« lediglich die Verteilung von Ämtern nach Stärke der Parteien, Konfessionen usw. bedeutet und »konterkarieren« nur soviel, daß versucht wird, die eine oder andere unbequeme Besetzung eines Amtes zu hintertreiben. Da dies an der Tagesordnung ist, wozu diese Vernebelungstaktik mit nicht jedermann verständlichen Begriffen? Warum sagt man nicht, daß beispielsweise die proporzbedingte Besetzung in Rundfunkräten nicht sachbezogen, sondern partei-, konfessions- und gewerkschaftsbezogen erfolgt. Darum ist die arbeitende Bevölkerung an Samstagen und Sonntagen (wo die Frau im Haushalt und der Mann im Beruf einmal Zeit haben) von den angebotenen Programmen häufig enttäuscht. Wann werden diese, von jedem Konkurrenzdruck befreiten öffentlich-rechtlichen Anstalten endlich verstehen, daß sie uns nicht politisch zu bevormunden, sondern objektiv zu unterrichten und vor allem nach des Tages Müh' und Arbeit zu entspannen und zu erheitern haben.

Offensichtlich haben dies die glänzend bezahlten Rundfunkintendanten noch nicht begriffen. Sie schweben über den Wassern. Vielleicht fürchten sie deshalb ein privates Fernsehen? Ist es wirklich so schädlich, wenn neben einem obrigkeitlich verordneten Programm auch die Wünsche der Fernsehzuschauer Berücksichtigung fänden?

Weshalb das undemokratisch sein soll, ist schwer zu begreifen. Schließlich haben wir (noch?) eine soziale Marktwirtschaft. Warum nicht auch auf diesem Gebiet? Die mit Ministergehältern und unkündbaren Arbeitsverträgen ausgestatteten Fernsehoberen mögen dies nicht. Ihnen sind schon die inzwischen zugelassenen Privatsender ein Dorn im Auge, obwohl diese keinen Pfennig von den Fernsehgebühren erhalten.

Quantifizieren

Während Begriffe wie Qualifikation oder »sich qualifizieren müssen« auch in unserer Umgangssprache von der Mehrheit unserer »mündigen Bürger« verstanden werden – sie verbinden damit in der Regel die Notwendigkeit, daß man, um vorwärtszukommen, etwas können und leisten muß –, wissen sie im allgemeinen mit der schön klingenden Redewendung, dies oder jenes sei noch zu »quantifizieren«, nichts anzufangen. Um ehrlich zu sein: Wer vermag das schon, auch wenn sich Politiker, aus welchen Gründen auch immer, in zunehmendem Maße befleißigen, von der Notwendigkeit des Quantifizierens zu sprechen. Geschieht dies, breitet sich oft Ratlosigkeit aus. Wenn Politiker aber mit erhobener Stimme die Vorzüge neuer Reformen auf allen möglichen Gebieten (Steuer, Schule, Bildung, Sozialversicherung usw.) mit der Einschränkung verheißen, man müsse nur noch prüfen, wie dies zu quantifizieren sei, bleibt »kein Auge trocken«. Wer kommt schon auf die Idee, wegen dieses Begriffes im Duden nachzuschlagen, um herauszufinden, daß es dabei darum geht, etwas »in meßbaren Größen darzustellen«. Auch daraus läßt sich lernen: Man hüte sich davor, die Erklärungen hoher Politiker allzu wörtlich zu nehmen. Sie wissen ohnehin oft nicht, wovon sie sprechen, weil sie schließlich ihre Leute haben, die die Reden ausarbeiten. So wird weiterhin »quantifiziert« werden, auch wenn kaum jemand weiß, was es damit auf sich hat.

Real existierender Sozialismus

Was bedeutet dieser zur Beschreibung des 1. deutschen Arbeiter- und Bauernstaates von den DDR-Oberen immer wieder gebrauchte Begriff »real«? Wer öfter nach drüben fährt (und das sollte auch unsere neue Ministerin für gesamtdeutsche Fragen tun, anstatt hohle Sonntagsreden zu halten), weiß es, die »Ostzonesier« wissen es ohnehin und einige Politiker hüben (die der Wiedervereinigung noch nicht abgeschworen haben) auch:
Er dient den Genossen drüben ausschließlich zur Verschleierung der katastrophalen Zustände im Konsumgüterbereich, im Reise- und Urlaubsverkehr, auf dem Wohnungsgebiet und den auf allen sonstigen Gebieten bestehenden Einschränkungen und Reglementierungen. Man will damit sagen, daß der Sozialismus natürlich nach wie vor (theoretisch) die beste Gesellschaftsform darstelle, nur brauche es Zeit, ihn zu verwirklichen. Das heißt: die Bürger müßten verstehen, daß man eben auf eine Wohnung mindestens 12 Jahre, auf das Auto (es gibt nur die stinkenden Zweitakter Trabant und Wartburg) mindestens 10 Jahre warten müsse. Gut Ding will Weile haben, und Rom wurde auch nicht an einem Tage erbaut. Und schließlich sei das Bruderland Sowjetunion schon seit 1917 dabei, den Kapitalismus einzuholen. Unsere Brüder und Schwestern drüben haben dies längst begriffen und sich arrangiert: Sie stehen weiter Schlange und warten auf die Segnungen des Sozialismus. Vom real existierenden Sozialismus haben sie die Nase voll.

Rechte, Linke, Konservative, Liberale, Rote, Schwarze, Grüne, Alternative, rechts oder links von der Mitte usw. usw.

Obwohl unserer Parteienlandschaft z. Zt., sieht man von den Grünen ab, hauptsächlich von 3 Parteien (CDU/CSU, SPD, FDP) »bepflanzt« ist – oder gerade deshalb? –, werden ständig Variationen »gehandelt«. So gibt es, wenn man den Reden der Politiker trauen darf, selbst in den etablierten Parteien die unterschiedlichsten Gruppierungen: rechte oder linke Sozialdemokraten, demokratische Sozialisten, soziale Demokraten, rechte Christlich-Soziale, rechte oder linke Christdemokraten, rechte oder linke Liberale und Politiker aller Schattierungen rechts oder links von der Mitte. Dazu gesellen sich sogenannte Grüne, die den Umweltschutz auf ihre Fahnen geschrieben haben. Neuerdings gibt es auch Alternative, so z. B. in Hamburg. Schließlich werden auch noch die Begriffe konservativ und liberal mehr oder weniger von allen Parteien als ureigenstes Gedankengut beansprucht. So nimmt es nicht wunder, daß im Hinblick auf den politischen Standort Glombig (SPD) mit Blüm (CDU), Schmidt (SPD) mit Dregger (CDU) und Strauß (CSU) mit Lambsdorff (FDP) verwechselt wird, von Genscher und Mischnik (beide FDP) ganz zu schweigen, weil es ihnen weder um links, rechts, liberal noch konservativ, sondern allein ums Überleben geht. Als Seiltänzer der Nation müssen sie mit Blick auf die 5-%-Klausel stets darauf Bedacht nehmen, wie sie ihre Beteiligung an der Regierungsgewalt (als Zünglein an der Waage) mit Ministersesseln bewahren oder erreichen können. Kompliziert wird dies alles noch durch die »Grünen«, die uns weismachen wollen, daß Kernkraftwerke schädlich sind und der Genuß von natürlich gedüngtem grünem Salat mehr »Lebensqualität« verbürgt. Dieses Wirrwarr geht so weit, Helmut Schmidts einzigen Nachteil darin zu sehen, daß er nicht der richtigen Partei angehöre. Damit ist eigentlich alles gesagt: Die Linken in der CDU und die Rechten in der SPD stimmen nahezu überein. Sie dürfen es nur nicht sagen. Entsprechendes gilt für die Rechten von FDP und CDU/CSU und für die Linken in der SPD mit den linksorientierten Vertretern der FDP.

Einfacher erscheint demgegenüber die Unterscheidung von »Roten« und »Schwarzen«. Die Einordnung der »Schwarzen« ist verhältnismäßig leicht. Dabei handelt es sich keineswegs um »mündige Bürger« mit schwarzer Hautfarbe. Im Gegensatz zu den

USA oder auch Großbritannien haben wir keine, noch nicht. Als »Schwarze« werden vielmehr stramme Vertreter der CDU und CSU bezeichnet, wahrscheinlich abgeleitet von der in schwarz gehaltenen Amtstracht der Geistlichen, die von der Kanzel – obwohl es eigentlich nicht ihres Amtes ist – gelegentlich christdemokratisches Wohlverhalten anempfehlen oder, auch das gibt es, zum zivilen Ungehorsam auffordern.
Bei der Einstufung »rot« gibt es keine Schwierigkeiten. Da hat sich seit der Weimarer Republik nichts geändert. Alles, was sich links von der SPD oder der FDP angesiedelt hat, ist rot. Neuerdings werden auch besonders linkslastige Gruppen in SPD und FDP mit diesem Etikett versehen. In diesen Reigen gesellen sich in zunehmendem Maße die Alternativen bzw. die Grünen, die sich augenscheinlich auf der Siegerstraße befinden: Die Gärten werden nicht mehr mit Kunstdünger, sondern natürlich gedüngt, was die WCs überflüssig macht und der Wasserverschwendung Einhalt gebietet. Und es gibt alternative Autos, alternative Ferien, alternative Kindererziehung, alternative Kleidung (oben und unten ohne), alternative Lebensmittel, alternative Wohnungen und alternative Lebensgefährten.
Der nüchterne Betrachter wird dies alles entweder mit Miß- oder mit Wohlbehagen zur Kenntnis nehmen. Er weiß: Die »Linken« von der CDU und die »Rechten« von der SPD sind in ihrer Grundhaltung deckungsgleich. Das ist nun einmal das Schicksal großer Volksparteien.
Wenn dennoch die in den Parlamenten vertretenen Parteien, insbesondere vor Wahlen, verkünden, nur die zur Zeit Regierenden seien regierungsfähig, kann man als Wähler nur still vor sich hinweinen. Denn der vielgerühmte »mündige Bürger« wählt eine Partei, weil er das Gefühl hat, sie werde sich – in welcher Verbindung auch immer, ob links, rechts, schwarz, rosa, mittelrechts oder mittellinks – für seine Anliegen im Rahmen des Möglichen einsetzen. Welche Koalition sie zu diesem Zweck eingeht oder eingehen muß, ist ihm völlig gleichgültig.

Ressourcen

Fragen Sie den Mann im Revier (nicht am Klavier), was eine »Ressource« ist, kommt Erstaunliches zutage. Wer weiß schon noch, daß dieser Begriff in die politische Arena von dem früheren Wirtschaftsminister Friderichs eingeführt worden ist. Und das war ein kluger Mann. Viele überkommt, wenn sie von Ressourcen hören, ein Gefühl der Lust, um nicht zu sagen der »Lüsternheit«, weil sie darunter neue Erkenntnisse asiatischer Sexpraktiken vermuten. Gibt man zu bedenken, daß hiervon der frühere Wirtschaftsminister gesprochen habe, ficht sie dies nicht an. Immerhin, so meinen viele, sind Minister ständig unterwegs, vor allem auch in exotischen Ländern. Wenn man den irrenden Zweiflern klarzumachen versucht, daß Ressourcen nicht etwa »Lustobjekte« i. S. von Alice Schwarzer sind, sondern nur natürliche Produktionsmittel, Hilfsquellen, Reserven, aber auch Geldmittel, breitet sich Enttäuschung aus. Eigentlich schade, daß »Ressourcen« so wenig mit allzu menschlichen Neigungen zu tun haben. Dennoch kann es sich anscheinend kein Politiker leisten, nicht auf die Wichtigkeit von »Ressourcen« hinzuweisen, auch und gerade deshalb, weil es kaum jemand versteht.

Roß und Reiter

Wer die Parlamentsdebatten verfolgt, wird feststellen, daß häufig jemand von irgendwem übler Machenschaften und verurteilungswürdiger Mißgriffe beschuldigt wird. Die Vertreter der jeweils angegriffenen Parteien begeben sich dann in der Regel mit der (meist nicht ernst gemeinten) Forderung in die Arena, der Gegner möge »Roß und Reiter« nennen. Versucht man dahinterzukommen, was das ist, bleibt nur der Duden. Aber auch dort findet man keine Erklärung. Dort ist lediglich verzeichnet, daß Rösser Pferde eines edlen, feurigen Geschlechts sind und derjenige, der meint, auf einem hohen Roß zu sitzen, ein hochmütiger und bedauernswerter Zeitgenosse ist.

Mit der Aufforderung, nun aber endlich »Roß und Reiter« zu nennen, ist daher wenig anzufangen. Hier wird wieder einmal vor Augen geführt, zu welchen sprachlichen Höhenflügen unsere Parlamentarier fähig sind. Was bedeuten ihnen – sprachlich gesehen – schon Worte. Hauptsache ist, es kommt an. Und wenn jemand im Parlament auftritt und den Gegner auffordert, »Roß und Reiter« zu nennen, so kann er sich des Beifalls seiner Partei sicher sein, selbst wenn es nur ein »Windei« ist.

Wer »über den Zaun blickt«, weiß natürlich, daß die Forderung, »Roß und Reiter« zu nennen, darauf hinausläuft, Farbe zu bekennen. Und welcher Politiker will das schon? Akte der Selbstkastration sind selten, im übrigen auch schmerzhaft. Und nur im äußersten Notfalle, wenn es gar nicht anders geht, steigt auch einmal ein Politiker vom hohen Roß.

Roter Teppich

Es vergeht kaum eine Woche, wo nicht Staatsgäste von hohem Rang (vornehmlich Präsidenten) in Bonn oder unsere hohen Repräsentanten (Bundespräsident, Bundeskanzler usw.) in fremden Ländern mit großem Zeremoniell empfangen werden. Der »rote Teppich«, auf Flugplätzen oder vor Amtssitzen hoher »Staatsfürsten« ausgerollt, spielt dabei eine ebenso wichtige Rolle wie das Abspielen der Nationalhymne und das Abschreiten von Ehrenformationen. Dies alles wiederholt sich dann noch einmal, wenn der Staatsgast auf dem Flugplatz verabschiedet wird. Steigt der Staatsgast in die Staatsmaschine, findet schon mit Blick auf das Fernsehen ein freundliches »Winke, Winke« statt.

Als gebeutelter Steuerzahler fragt man sich natürlich, welchen höheren Sinn das alles haben soll. Betrachtet man es unter vernünftigen Gesichtspunkten, läßt sich für diesen Aufwand kaum eine Erklärung finden, zumal derartige Empfangs- und Abschiedszeremonien ohne Rücksicht darauf zelebriert werden, ob diese Besuche »nützlich« waren oder nicht.

So stellt sich die Frage:

Brauchen wir wirklich diesen Klimbim? Ist es vertretbar, daß unsere angeblich zeitlich so stark in Anspruch genommenen Politiker ihre kostbare Zeit mit diesen von Kaisern, Königen und Fürsten zum Zwecke der Selbstbeweihräucherung erfundenen Zeremonien verschwenden? Wem nützt das Abschreiten von Ehrenkompanien, das Abspielen von Nationalhymnen oder gar das Abfeuern von Salutschüssen, was wohl nur Staatsoberhäuptern vorbehalten ist, in Sonderfällen aber auch weniger Betuchten zuteil werden kann.

Nun läßt sich entgegenhalten, dies alles sei schon aus Gründen der Tradition und wegen des internationalen Brauchtums nicht zu umgehen. Warum eigentlich? Wäre es nicht sinnvoller, die Gelder für diesen kostspieligen Aufwand sozialen Zwecken zuzuführen? Gewiß sind Staatsbesuche notwendig. In der privaten Wirtschaft ist das nicht anders. Ohne persönliche Kontakte geht es nicht, und Geschäftsbesuche müssen sein. Dennoch würde kein Industrieboß, noch weniger ein kleiner Unternehmer, auf die Idee kommen, seinen Geschäftspartner mit rotem Teppich, Salutschüssen, Abschreiten einer vom Betrieb gestellten Ehrenformation oder gar mit dem Abspielen eines Liedes (wobei sich der Karnevalsschlager »Wer soll das bezahlen« anbieten könnte) zu empfangen. Die Antwort ist einfach. Der Unternehmer muß rechnen; er kann sich einen solchen Luxus nicht leisten, zumal derartige Ausgaben nach den strengen Regeln unserer Steuergesetzgebung nicht als Betriebsausgaben abgebucht werden können. Weshalb aber soll es im staatlichen Bereich, nur weil es auf Kosten der Steuerzahler geht, anders sein? Ein vernünftiger Grund hierfür ist nicht ersichtlich.

Daher wäre es vielleicht gar nicht so abwegig, die roten Teppiche einzurollen. Es tut zwar nicht weh, fremdes Geld (Steuergelder) unter dem Vorwand höherer Staatsinteressen auszugeben. Andererseits: Sind die hohen Staatsgäste und ihre hohen Gastgeber wirklich so sehenswert, daß man in Verzückung geraten könnte, wenn sie in ihren meist zerknitterten Anzügen, häufig noch außer Schritt, die Ehrenkompanie abschreiten? Und war es wirklich notwendig, Honey (Honecker) mit der Becherhymne (die drüben nicht gesungen werden darf, weil dort von Deutschland die Rede ist) und einem ganzen Ehrenbataillon zu begrüßen?

Und was die Soldaten dieser Ehrenkompanie angeht: Könnte es nicht eine sinnvollere Verwendung für sie geben?

Sachzwang

Wenn Politiker von »Sachzwang« sprechen, sollte man sich vor Mißdeutungen hüten. Vergleiche mit »Frackzwang« sind fehl am Platze. Es geht also nicht um einen bei Empfängen oder anderen Veranstaltungen vorgeschriebenen Kleiderzwang oder gar um eine obrigkeitlich verordnete Verpflichtung, sich in bestimmte Sachen zu zwängen, gewissermaßen das Gegenteil von Striptease. Gemeint ist etwas ganz anderes, nämlich die Feststellung: »Nichts geht mehr«, das heißt, die vor den Wahlen gemachten Versprechungen seien wegen der »Sachzwänge« nicht erfüllbar (auf deutsch: sachlich unsinnig). So einfach ist das! Und wie beruhigend! Da haben wir doch vortreffliche, uneigennützige und hochqualifizierte Partei- und Politvertreter, die gern unsere Interessen – wie versprochen – verfechten würden, was sie uns vor ihrer Wahl als Glückseligkeit verheißen haben. Man sieht, mit Sachzwängen läßt sich alles machen. Da kann natürlich von »Umfallen« keine Rede sein. Schließlich sind die Gewählten rein wie Engel. Sie möchten ja gerne, nur die bösen Sachzwänge hindern sie an ihrem so hochwohllöblichen Tun.
Nun wußte schon Bernard Shaw 5 Arten der Lüge zu unterscheiden: die gewöhnliche Lüge, den Wetterbericht, die Statistik, die diplomatische Note und das amtliche Kommuniqué. Der Sachzwang wäre als 6. Variante hinzuzufügen.

Schreibtischtäter

Der Begriff »Schreibtischtäter« ist unserem Strafgesetzbuch fremd. Täter im Sinne unseres Strafrechts ist derjenige, der einen Straftatbestand verwirklicht, so z. B. wer eine fremde, bewegliche Sache wegnimmt (Diebstahl: § 242), einen Menschen tötet (Mord oder Totschlag: §§ 211, 212), eine Frau vergewaltigt (§ 233). Zu diesen Delikten kann natürlich auch angestiftet (§ 26) oder Beihilfe (§ 27) geleistet werden. Eine Schreibtischtäterschaft hingegen kennt unser Strafgesetz nicht.

Dieser Begriff wurde erfunden, als es nach dem Krieg und am Ende des 1000jährigen Reiches darum ging, auch diejenigen zur Verantwortung zu ziehen, die vom Schreibtisch aus die NS-Verbrechen, insbesondere die Vernichtung der Juden, in teuflischer Weise geplant und gelenkt haben. Das ist rechtens, weil Täter nicht nur der ist, der selbst Hand anlegt, sondern auch derjenige, der mit Wissen und Wollen aller Tatumstände zum »Erfolg« beigetragen hat. So ist auch derjenige Täter, der die Straftat durch andere begeht (§ 25).

Daß unbeschadet dieser rechtlich einwandfreien Auslegung in der Vergangenheit auch kleine Leute als Schreibtischtäter verfolgt worden sind, die in untergeordneter Position Güterwaggons zu dirigieren hatten, in denen zufällig auch Juden transportiert wurden, gehört zu den Ungereimtheiten einer Strafjustiz, die im Laufe unserer wechselvollen Geschichte nicht immer Augenmaß und Standfestigkeit bewiesen hat (man denke nur an die Weimarer Zeit und die politischen Prozesse im Hitlerreich). Und wenn gar der frühere Bundespräsident Lübke als »Schreibtischtäter« verdächtigt werden konnte, weil er im Krieg am Bau von Baracken mitgewirkt hat (wo möglicherweise auch Juden untergebracht waren), so beweist das die Unsinnigkeit dieser Begriffsbildung. Dabei ist es von untergeordneter Bedeutung, daß die »Schreibtischtäterschaft« Lübkes gezielt von der DDR in Gang gebracht worden war. Bedrückend nur, daß mit hohen Auflagen beglückte Zeitschriften diese Verunglimpfung ohne strafrechtliche Folgen, eben unter Zuhilfenahme dieses juristisch nicht qualifizierbaren Begriffs, fortführen konnten.

Angesichts eines solchen ungestraft gebliebenen Rufmordes war abzusehen, daß man sich dieses Begriffes auch ferner im politischen Alltag bedienen würde. Selbst hohe Politiker gebrauchen immer mehr diese unglückselige Vokabel, wenn es darum geht, politisch unbequeme Zeitgenossen herabzusetzen oder politisch mundtot zu machen. So wurde z. B. Böll als Schreibtischtäter in bezug auf den Terrorismus, Brandt im Hin-

blick auf linke Aktivitäten an den Hochschulen, Strauß wegen neofaschistischer Umtriebe und neuerdings der Frühschoppenmoderator Höfer wegen seiner journalistischen Tätigkeiten im 3. Reich verteufelt. Hier wird offenbar, wie unselig dieser Begriff ist und welche Verwirrung er stiften kann. Wer Täter ist, wer der Beihilfe oder Anstiftung zu einer Straftat schuldig, sagt unser Strafgesetzbuch. Wer »Schreibtischtäter« ist, nicht, weil es dessen nicht bedarf. Das sollten auch Politiker beherzigen. Aber dies bleibt wohl ein frommer Wunsch. Denn wenn es darum geht, Schlagzeilen zu machen, scheint alles erlaubt zu sein.
So war es ausgerechnet dem Sozialpolitiker von der CDU, Norbert Blüm, vorbehalten, 1978 im »Spiegel« unter der Überschrift »Die Zeit der Schuldlosen ist Utopie« die These zu verkünden: »Ob einer im KZ Hitler gedient hat oder an der Front, macht in meinen Augen nur einen graduellen Unterschied.« Konsequent zu Ende gedacht, müßte also eine ganze Frontgeneration strafrechtlich verfolgt werden, und zwar nicht als Schreibtischtäter, sondern als Mörder schlechthin. Sieht Blüm, inzwischen zum Bundesminister für Arbeit und Sozialordnung avanciert und als »Liebling der Götter« im Kabinett hochgejubelt, vielleicht darin den »graduellen Unterschied« von KZ-Bewachern und Frontsoldaten? Die einen sind Mörder, die anderen »nur« Schreibtischtäter. Leider hat Herr Blüm vergessen zu sagen, wo und wie er in den Jahren 1939–1945 für seine hehren Ziele gewirkt hat (im Kinderwagen oder Sandkasten?) Und wurde ihm deshalb der Orden wider den tierischen Ernst verliehen?
Wie sieht es im übrigen mit »Honey« aus, der sich zu einem allseits bejubelten Staatsbesuch in der Bundesrepublik herabläßt? Ist er Schreibtischtäter, Mörder oder der gutartige Bruder und Landsmann von drüben, der – ohne erschossen zu werden – die Mauer friedlich überwinden kann?

Sicherheitsrisiko

Es gehört zu den Ungereimtheiten unserer Politsprache, daß mit dem Ziel einer möglichst wirksamen Abwertung des politischen Gegners Begriffe gebraucht werden, die mit der Sache, um die es geht, nicht das geringste gemein haben. Auf diese Weise zeichnen sich insbesondere Politiker aus, die »mangels Masse« Verleumdung und Beleidigung höher einschätzen als eine sachliche Auseinandersetzung. So gesehen ist auch die vor der sogenannten Wende mit hohem Aufwand in Umlauf gesetzte Legende zu verstehen, es gäbe zur sozialliberalen Koalition keine Alternative, und ein durch Wahlen herbeigeführter »Machtwechsel« bedeute ein echtes Sicherheitsrisiko. (Inzwischen hat er stattgefunden, und der Frieden war noch nie so sicher.)
Derartige Formulierungen, auch wenn sie sich schön anhören, sind nicht nur dumm, sondern auch unverantwortlich. Schon die Bezeichnung »echt« ist jedem Einsichtigen verdächtig. Und von einem Sicherheitsrisiko zu sprechen, nur weil möglicherweise aufgrund demokratischer Wahlen eine andere Partei die Futternäpfe für sich beansprucht, entbehrt jeder Logik. Daß dies ein ganz normaler Vorgang im politischen Geschäft ist, wird wider besseres Wissen verschwiegen. Warum eigentlich? Schließlich können wir in einer ernstgemeinten und funktionierenden Demokratie nur vom Wechsel leben. Wenn selbst Adenauer, Erhard, Kiesinger und Brandt gehen mußten, so war dies doch ein ganz natürlicher Vorgang. Weshalb soll es also ein Sicherheitsrisiko bedeuten, wenn morgen eine andere Partei oder eine andere Koalition das Sagen hat? Schließlich sind, Gott sei Dank noch, nur nach demokratischen Regeln gewählte Parteien im Bundestag vertreten. Daher muß es auch in hohem Maße verunsichern, wenn Parteigewaltige wider besseres Wissen behaupten, die ihnen nicht genehme Partei sei nicht regierungsfähig oder nicht friedensfähig, sieht man einmal von den Wirrköpfen bei den Grünen ab.

Sofas

Der mit modernen Abkürzungen weniger vertraute Bürger wird, was verständlich ist, unter einem Sofa eine Liegestatt verstehen, bei etwas ausschweifender Phantasie darunter allenfalls ein Lotterbett vermuten, wo Männlein und Weiblein in lüsterner Zügellosigkeit der Lust frönen. Die Ernüchterung folgt auf dem Fuße, wenn sich Behörden dieses Begriffes bemächtigen und ihn in entsprechenden Erlassen und Kommentaren amtlich »verbriefen«. Danach sind nämlich »Sofas« weder Sitzgelegenheiten noch Liegen oder Lotterbetten, sondern einzig und allein Sozialversicherungsfachangestellte, deren Tätigkeit vornehmlich darin besteht, die gesetzlichen Leistungen der Sozialversicherung festzustellen, eine Aufgabe, die nicht hoch genug eingeschätzt werden kann, weil es immer schwieriger wird, die sich ständig überschlagenden Gesetze, Verordnungen, Erlasse und Dienstanweisungen in die Tat umzusetzen. So werden trotz guten Willens auch die gutartigsten »Sofas« immer mehr von Angstträumen befallen. Falls sie nicht dickfellig sind, bleibt ihnen nur das Sofa des Psychiaters. Schade eigentlich, weil bei etwas mehr Einsicht der Verantwortlichen und Gesetzesmacher auch bei einer notwendigen Anpassung an geänderte Verhältnisse durchaus vernünftige und unbürokratische Lösungen möglich sind. Ein Gespräch mit den gestreßten Sofas wäre sicher nützlicher als die Produktion immer neuer Gesetze, Durchführungsverordnungen und Erlasse, deren Studium die Sachbearbeiter von der Erfüllung ihrer eigentlichen Aufgaben abhält.

Soziales Netz / Generationenvertrag

Es vergeht kaum eine Bundestagsdebatte oder Pressekonferenz des Bundesarbeitsministers, bei der nicht das angeblich eng geknüpfte Netz unserer sozialen Sicherheit in den höchsten Tönen gepriesen wird. Wer könnte schon dagegen sein, von den Ewiggestrigen (?) abgesehen, die von »sozialer Hängematte« sprechen. Wir alle sind für soziale Sicherheit. Und wer möchte schon bei Wechselfällen des Lebens (Krankheit, Mutterschaft, Unfall, Erwerbsunfähigkeit, Berufsunfähigkeit) und im Alter nicht hinreichend gesichert sein?

Andererseits wird, um nur ein Beispiel zu nennen, der durchaus einsichtige Altersrentner unsicher, wenn ihm angesichts leerer Kassen die Unwägbarkeiten des sogenannten Generationenvertrages vor Augen geführt werden. Natürlich könnten ihm die gewählten Vertreter und Repräsentanten sagen:

»Lieber Kollege, so geht das nicht weiter; du mußt begreifen, daß alles seine Grenzen hat. Du kannst nicht mehr fordern, als die aktiven Arbeitnehmer erwirtschaften, und es ist sozial ungerechtfertigt, wenn ein pensionierter Beamter oder Rentner, der eine zusätzliche Betriebsrente bezieht, ›unter dem Strich‹ (Nettoeinkommen) in vielen Fällen mehr ›verbraten‹ kann als sein noch im Arbeitsleben stehender Kollege.« Aber welcher Politiker oder Sozialpolitiker hat schon den Mut, die Dinge beim Namen zu nennen. Statt dessen wird die Einmaligkeit unseres sogenannten »sozialen Netzes« gelobt. Dabei verschweigen die Parteien sorgfältig, daß dies alles finanziert werden muß. Schade eigentlich, weil unsere »mündigen Bürger« viel vernünftiger sind, als unsere Parteiführer annehmen. Es sind Frauen und Männer, die sich im täglichen Wettbewerb, an welcher Stelle auch immer, ständig haben bewähren müssen. Sie verdienen mehr Vertrauen und haben mehr Einsicht als manche Politprofis, die nur selten dem freien Leistungswettbewerb in unserer freiheitlichen Gesellschaftsordnung ausgesetzt waren. Sie wissen nämlich, daß alles schwer verdient werden muß und niemand mehr ausgeben kann, als er hat. Da sollte man Farbe bekennen. Ehrlichkeit überzeugt, Schlagworte vergehen.

Und wenn schon kluge Leute das Märchen vom Generationenvertrag in die Welt setzen, sollten sie auch die Ungereimtheiten unserer derzeitigen Gesellschaftsordnung aufzeigen. Da ist z. B. eine Familie mit mehreren Kindern. Die Frau kann nicht berufstätig sein, obwohl sie eine Unzahl von Berufen ausübt: Hausfrau, Kinderpflegerin, Nä-

herin, Köchin, Erzieherin, Raumpflegerin usw. usw. Sie hat später einmal keinen eigenen Rechtsanspruch auf Altersruhegeld, obwohl sie den sogenannten Generationenvertrag erfüllt hat, weil nämlich ihre Kinder einmal die Renten und Pensionen der Alten mitverdienen und aufbringen müssen.
Da geht es der Frau von nebenan, die berufstätig ist, schon besser. Sie hat keine Kinder; sie will auch keine. Und im Alter steht nicht nur ihr, sondern auch ihrem Mann Pension oder Rente zu. Doppelverdiener also, auch im Rentenalter. Und wer bezahlt die Zeche? Natürlich die Familie mit Kindern, die sich alles verkneifen muß, während sich die kinderlosen Doppelverdiener (häufig sind beide sogar im öffentlichen Dienst tätig, sie als Lehrerin und er als Ministerialbeamter) alles und jedes leisten können.
Nun werden von sozialen Nöten verschonte Sozialpolitiker sicher auf die Segnungen des Kindergeldes hinweisen. Daß es sich hierbei um recht ungenügende Vergünstigungen handelt, die nicht mehr sind als Almosen, sollten bei etwas Nachdenken auch Sozialpolitiker, die die Errungenschaft unseres sozialen Netzes hochjubeln, begreifen. Und auch die neuerdings wieder eingeführten steuerlich absetzbaren Kinderfreibeträge schlagen beim Normalverdiener kaum zu Buche. Sie decken nicht einmal die Kosten für die jedes Jahr aus unerfindlichen Gründen neu anzuschaffenden Schulbücher oder die für sogenannte Landschulfahrten zu leistenden Beiträge.
Bedauerlich, daß es keine Statistik darüber gibt, inwieweit unsere Volksvertreter, Minister, Staatssekretäre, Ministerpräsidenten usw. einen Beitrag zum Generationenvertrag und zur Bewahrung des sozialen Netzes leisten. Vielleicht bilden hier Scheel, Albrecht, Brandt, Kohl, Biedenkopf und einige andere eine Ausnahme. Aber allein bei Junggesellen wie Vogel (Ministerpräsident in Rheinland-Pfalz) kommen Zweifel, ob Generationenvertrag und soziales Netz noch stimmen. Denn wer zahlt später die Pension von Vogel, von deren Höhe kinderreiche Familienväter und Mütter nur träumen können?
Auch fragt man sich, ob es wirklich ein sozialer Fortschritt ist, wenn angesichts der derzeitigen Arbeitslosigkeit z. B. die Frau eines hochbezahlten Rundfunkintendanten noch ein hochbezahltes Staatsamt (mit Pensionsberechtigung natürlich) bekleidet. Muß gerade im öffentlichen Dienst das Doppelverdienertum und eine Doppelversorgung im Alter gewissermaßen beispielgebend praktiziert werden? Um nicht mißverstanden zu werden: Gemeint sind nicht Ehefrauen von Arbeitern und Kleinverdienern, die hinzuverdienen müssen, um die Lebensunterhaltskosten einigermaßen verkraften zu können.

Soziale Symmetrie

Dieser, insbesondere von Sozialpolitikern, gern verwendete Begriff gibt wie so manches, was Politologen und Soziologen an Wortschöpfungen beitragen, Rätsel auf. Während sich die Mehrheit unserer »mündigen Bürger« unter sozial noch etwas vorstellen kann (i. S. von gemeinnützig, wohltätig, hilfsbereit, menschlich und politisch sowie gesellschaftlich gesehen als Anspruch auf soziale Sicherheit), bereitet die begriffliche Verknüpfung mit »Symmetrie« Verständnisschwierigkeiten. Der Mann vor Ort, der im wesentlichen unser Sozialprodukt erarbeitet, und die Frau im Haushalt, die ohne eigenen Rentenanspruch den Generationenvertrag erfüllt, denken nüchterner. Sie wollen wissen, um was es geht. Mit sozialer Symmetrie können sie nichts anfangen. Denn wer vermag das schon? Und wer es mit Hilfe des Dudens versucht, ist auch nicht viel klüger. Danach bedeutet »Symmetrie« die harmonische Anordnung mehrerer Teile zueinander. Aber was ist daraus in Verbindung mit »sozial« (was jeder versteht und gutheißt) zu folgern?

Wer ernsthaft nachdenkt, fragt sich, ob unser bisheriger Sprachschatz nicht ausreicht, unser aller Anliegen schlicht in dem Sinne zu formulieren, daß zur Bewahrung unseres Rechtsstaates ein Höchstmaß an sozialer Sicherheit denjenigen zukommen sollte, die das hierfür notwendige Sozialprodukt erwirtschaften. Dazu gehören, was häufig vergessen wird, auch unsere Hausfrauen und Mütter, die Kinder großziehen und daher nicht berufstätig sein können. Während der Ruf nach gleicher Bezahlung für gleiche Arbeit ohne Unterschied der Geschlechter von hochverdienenden, in der Politik tätigen Frauen immer lauter wird (sicher mit Recht), findet die Mutter, die sich uneigennützig ihren Kindern widmet, weder ideell noch finanziell die notwendige Anerkennung.

Was soll daher das Gerede von der »sozialen Symmetrie«? Schaumschlägerei oder Vernebelungstaktik? Vielleicht auch die Lust, mit neuen, unbegreifbaren Begriffen den Wähler einzulullen? Auf den Begriff »soziale Symmetrie« könnte bei etwas mehr sozialem Verständnis gut und gerne verzichtet werden.

Sozialpartner

Fragen Sie einmal den Kumpel in Bottrop, was er unter »Sozialpartnern« versteht. Er wird Sie ob dieser Frage nur mitleidig belächeln und sich sagen, wieder eine blödsinnige Frage von Soziologen oder Politologen, die nichts einbringt. Ihm genügt zu wissen, was es mit dem Ehepartner auf sich hat. Und das reicht ihm im allgemeinen. Da weiß er Bescheid. Er kennt die Spielregeln dieser Partnerschaft und ist nur erstaunt, wenn unverheiratete Politiker von der Unterdrückung der Frau reden. Da hat er ganz andere Erfahrungen gemacht. Er weiß auch, daß diese Partnerschaft nach dem neuen Scheidungsrecht, das angeblich die Scheidung erleichtern sollte, die meisten Eheleute, die mit weltlichen Gütern nicht reich gesegnet sind, zu einer unauflöslichen Lebensgemeinschaft zwingt, ganz im Sinne der katholischen Kirche.

Nicht zuletzt deshalb begegnet er der Frage nach einer Sozialpartnerschaft mit Mißtrauen. Denn er weiß schon, daß dieser Begriff mit der Wiedereinführung der Selbstverwaltung in der Sozialversicherung, die eine gleichberechtigte (paritätische) Zusammensetzung der Organe bei den Sozialversicherungsträgern gesetzlich festlegte, geprägt wurde. Auf diese Weise wurde der gesetzgeberischen Zielsetzung Rechnung getragen, daß künftig Arbeitnehmer und Arbeitgeber in den Selbstverwaltungsorganen der Sozialversicherungsträger (Rentenversicherung, Unfallversicherung, Krankenversicherung) zum Wohle der Versicherten partnerschaftlich und mit gleichem Stimmrecht zusammenarbeiten. Eine sicher gute Sache, so daß eigentlich nicht einzusehen ist, wenn auf diesem so wichtigen Gebiet unserer sozialen Sicherheit die Tätigkeit und das Engagement der beiden »Sozialpartner« (Arbeitgeber und Arbeitnehmer) mit neuen Begriffen beglückt werden soll. So bestehen Vorstellungen, auch in diesem Bereich nur noch von Tarifvertragsparteien zu sprechen, obwohl innerhalb der paritätischen sozialen Selbstverwaltung keine Tarife ausgehandelt werden, es vielmehr auf eine möglichst soziale und umfassende Anwendung der Sozialversicherungsgesetze unter Ausschöpfung aller vom Gesetz noch freigehaltenen Ermessensspielräume ankommt. Und insoweit sind die »Sozialpartner« noch immer zu hervorragenden Lösungen gekommen. Sie waren, Gott sei Dank, Partner und haben längst unter Beweis gestellt, daß sie willens und fähig sind, den sich ständig neu stellenden Anforderungen, gerade durch ihr sachbezogenes partnerschaftliches Verhältnis, gerecht zu werden. Warum soll das nicht auch weiterhin mit dem Begriff der Sozialpartnerschaft zum Ausdruck kommen?

Spektakulär

In den letzten Jahren gab es kaum eine Rede oder einen Leitartikel, worin nicht der Begriff »spektakulär« auftauchte. Dies muß im Zusammenhang mit politischen Aussagen Verwirrung auslösen, weil unter dem Hauptwort »Spektakel«, wovon wohl »spektakulär« abgeleitet ist, ein die Schaulust der Massen befriedigendes Theaterstück verstanden wird, wo mit viel Krach, Gepolter und Klamauk etwas in Szene gesetzt wird, das jeder Ernsthaftigkeit entbehrt. Der äußere Effekt, die Absicht, um jeden Preis Aufsehen zu erregen, ist das Ziel.
Betrachtet man unter dieser auch vom Duden gutgeheißenen Auslegung die Auslassungen von Politikern und Leitartiklern, gewinnt allerdings das Wort »spektakulär« – zumindest vordergründig – eine andere Bedeutung. Es wird nur noch i. S. von aufsehenerregend gebraucht und nicht mehr mit dem Geruch des Nichternstgemeinten und des auf Klamauk bedachten Spektakels verbunden. Man verwendet dieses Wort einfach deshalb, weil es gut klingt und dem Hörer und Leser den Eindruck vermittelt, daß insbesondere Politiker, die von spektakulären Entwicklungen, Ereignissen usw. usw. sprechen (oder schreiben), kluge Leute sein müssen.
Nachdenkliche Menschen (auf die es nicht ankommt, weil sie sich in einer aussichtslosen Minderheit befinden) werden wahrscheinlich anders reagieren. Sie werden in Anbetracht der ursprünglichen Bedeutung der Begriffe Spektakel und spektakulär schlußfolgern, daß sich im Grunde nichts geändert hat, und die als »spektakulär« bezeichneten Vorstellungen, Forderungen und Zielsetzungen unserer Politiker mit dem gleichsetzen, was im wahrsten Sinne des Wortes gemeint ist: Klamauk um jeden Preis. Ernsthaftigkeit und Wahrhaftigkeit werden im Interesse des Ganzen (?) auf dem Altar des Spektakulums geopfert.

Spontis, Demos, Spipos, Realos, Promis

Wer weiß schon, was »Spontis« und »Demos« sind? Forscht man näher nach, so wird man belehrt, es handle sich bei den Demos um junge Menschen, die gegen und für alles zu jeder Zeit und bei jeder Gelegenheit demonstrieren. Da gibt es also beispielsweise junge Menschen, meist nicht ausgelastete Studenten, die für oder gegen alles demonstrieren. Warum auch nicht? Das Studium »generale« ist ohnehin nicht mehr gefragt, und so bleibt hinreichend Zeit, für oder gegen etwas auf die Straße zu gehen. Aber da gab und gibt es Unterschiede. Denn wer die Ho-Chi-Minh-Rufe noch in den Ohren hat, vermißt Demonstrationen für die jetzt im Südchinesischen Meer zu Tausenden ertrinkenden Flüchtlinge aus Vietnam, oder gegen den Völkermord in Afghanistan, von den Morden an der Mauer ganz zu schweigen. Ist das nicht des Demonstrierens wert?
Aber, so wird man fragen, was sind »Spontis«? Für Nichteingeweihte: Spontis sind eine Untergruppe der Demos.
In jüngster Zeit gibt es nämlich – die Entwicklung schreitet fort – Leute, deren Demonstrationsbedürfnis sich darin erschöpft, daß sie nachts, mit Spraydosen ausgerüstet, Häuser und Wände mit schwachsinnigen, gelegentlich auch geistreichen und lustigen (was hoffen läßt) Parolen versehen. Sie sind sogenannte »Spontansprayer« und haben sich in letzter Zeit insbesondere leerer Plakatwände angenommen, die meist vor Wahlen errichtet werden. Das hat zwar gelegentlich bei den Ordnungsbehörden Unwillen ausgelöst, bei vielen Bürgern aber auch Interesse und Heiterkeit, weil eine Reihe der »Sprayergüsse« mehr Geist verriet als die auf Personenkult getrimmten Plakate aller Parteien zusammengenommen. Vielleicht haben auf diese Weise die Spontansprayer sogar etwas Positives bewirkt?
Zum Glück hat ein findiger »Nichtsponti« ein Gegenmittel in Form einer Reinigungspaste erfunden, die ohne Inanspruchnahme von Sandstrahlgebläsen und anderen aufwendigen Verfahren eine Beseitigung der Schmierereien gestattet. Wer könnte den Spontis nicht dankbar sein, daß sie auf diese Weise dazu beigetragen haben, deutschen Erfindergeist zu wecken? Nicht auszudenken, wenn diese Paste, in Pillenform fabriziert, auch zur Selbstreinigung wirrer Gemüter eingesetzt werden könnte. Die Spontis, Demos und sicher auch die Grünen hätten sicher einen großen Bedarf.
Dagegen hat es die DDR leichter. Da wird nicht demonstriert, sondern interniert.

Ständige Konferenz der Kultusminister

Kulturbeflissene, bildungshungrige oder durch Schulnöte ihrer Kinder geplagte Fernsehzuschauer verfolgen mit Erstaunen, Entzücken, Verwunderung oder gar Bewunderung die mit einer gewissen Regelmäßigkeit wiederkehrenden Sendungen über die »Ständige Konferenz der Kultusminister«. Es ist ihnen ein Rätsel und übersteigt ihr Vorstellungsvermögen, daß die 11 Kultusminister unserer 11 Länder »ständig«, d. h. dauernd und fortwährend »konferieren«. Der »Normalverbraucher« fragt sich in ernster Sorge, wie halten die Leute das aus.

Nun ist nichts gegen Konferenzen, Tagungen, Sitzungen und Kongresse zu sagen, zumal derartige Veranstaltungen, wie jedermann weiß, auch dem »Fernweh« unserer geplagten Politiker, Funktionäre und Manager Rechnung tragen. Schließlich wollen auch sie einmal Weib und Kind entfliehen, dem unkontrollierten Umtrunk am Abend und dem »echten Männergespräch« frönen und ansonsten das tun, was ihnen am heimischen Herd oder im beruflichen Alltag verwehrt ist.

Nun wird jeder vernünftige und weitsichtige Mensch Verständnis für diese gelegentliche Flucht vom Arbeitsplatz, vom Büro und vor häuslicher Enge aufbringen. Auch zeugt es von Weitsicht, daß die Konferenzorte vornehmlich nach ihrem Freizeitwert und nicht nach ihrer Zweckmäßigkeit ausgewählt werden. Auch das hat seine guten Gründe. Wer fern den Geschäften ist und in reizvoller Umgebung tagt, findet den notwendigen Abstand für neue schöpferische Leistungen. Und weshalb soll dies nicht auch auf unsere Kultusminister zutreffen?

So weit, so gut.

Was jedoch bei der »Ständigen Konferenz der Kultusminister« bedrückt und zu ernsten Besorgnissen Anlaß gibt ist, daß sie ständig, dauernd und fortwährend konferieren. Das muß, und jeder erfahrene Arbeitsmediziner wird dies bestätigen, zu ernsten Gesundheitsstörungen führen.

Vielleicht erklärt sich daraus

- der in unseren Landen ausgebrochene Bildungswahn und Bildungswirrwarr,
- die ständig wechselnden Schulsysteme,
- die Verunsicherung von Eltern und Schülern,
- das unselige Leistungsdenken bereits im Kindergarten,

- die fortschreitende Entfremdung der Lehrer von ihrer eigentlichen pädagogischen Aufgabe durch eine zeitraubende und unnütze Bürokratisierung,
- die Einführung ständig neuer, angeblich fortschrittlicher Lehrmethoden,
- eine nur noch »hochgebildeten« (?) Fachidioten verständliche Sprache in den Lehrbüchern,
- ein völlig irriges Ausleseprinzip bei der Zulassung zu »Numerus clausus«-Fächern (hier wird z. B. allen Ernstes unterstellt, daß ein Abiturient mit der Note 1 auch ein guter Chirurg oder Zahnarzt wird),
- das Anwachsen der Selbstmordrate in Schüler- und Studentenkreisen,
- die Verängstigung der Lehrer,
- der gnadenlose Konkurrenzkampf unter den Schülern wegen einer ebenso gnadenlosen Notenmaschinerie,
- die Vernachlässigung des Deutsch- und Geschichtsunterrichts zugunsten der Sexualkunde,
- die sinnlose Abiturientenflut unter Abwertung eines soliden Haupt- und Mittelschulabschlusses,
- die immer dürftiger werdenden Kenntnisse im Rechnen und Schreiben,
- die überhandnehmende Bürokratisierung und »Sitzeritis« (so müssen Gesamtkonferenzen, Teilkonferenzen, Klassenkonferenzen, Fachkonferenzen und Zeugniskonferenzen abgehalten und in jeder Unterrichtsstunde eine Vielzahl von Vorschriften, Erlassen und Richtlinien beachtet werden),
- die Erfindung immer neuer Lehrpläne und die Einführung immer neuer (meist schwachsinniger) Lehrbücher (zur Zeit sollen 500 Kommissionen damit betraut sein),
- der nur noch mit erheblichen Nachteilen für den Schüler mögliche Wechsel von einer Schule zur anderen (ganz zu schweigen von einem Wechsel von Land zu Land) und die ständige Abnahme des Bildungsniveaus trotz geringerer Klassenfrequenzen und ständig steigender Kosten.

Nun wäre es sicher verfehlt, diese unglückselige Entwicklung allein der »Ständigen Konferenz der Kultusminister« in die Schuhe zu schieben und hierfür das »ständige« Konferieren allein verantwortlich zu machen. Sie, die Kultusminister, sind ja auch nur Menschen und können wahrscheinlich nichts dafür, »ständig« konferieren zu müssen. Daher wäre vielleicht ein Verbot dieser »Ständigen Konferenz« ein Segen. Die Kultusminister fänden mehr Zeit, ihren Aufgaben nachzugehen und gelegentlich auch einmal die unmittelbar Betroffenen anzuhören.

Stamokap

Der Mann auf der Straße und die Frau im Haushalt werden sich unter diesem Begriff kaum etwas vorstellen können. Um ehrlich zu sein: Wer vermag das schon. Gespräche mit unbefangenen Frauen und Männern lassen darauf schließen, »Stamokap« könnte aus dem »Indianischen« (wie Tomahawk) oder dem »Japanischen« (wie Karate oder so) abgeleitet sein. Kommt man mit Jusos (= Jungsozialisten) ins Gespräch, wird deutlich, daß es sich hierbei um eine Abkürzung handelt und darunter »staatsmonopolistischer Kapitalismus« zu verstehen sei. Versucht man einzuwenden, daß das bei uns wohl nichts bedeute, weil Erscheinungsformen dieser Art nur in den sozialistischen Ländern des Ostblocks anzutreffen seien, macht sich mitleidiges Lächeln breit. Und man läßt sich herab zu erklären, daß es sich bei »Stamokap« um ein ausschließlich in den westlichen kapitalistischen Staaten anzutreffendes System handele, wo sich der Staat angeblich fest in den Händen privater Monopole befinde, die uns in übelster Weise ausbeuten.

Die bescheidene Rückfrage, inwieweit sich der angebliche staatsmonopolistische Kapitalismus des Westens von dem Staatskapitalismus des Ostens unterscheide und ob es nicht doch ein Vorteil wäre, wenn sich im Westen jedermann zu jeder Zeit ein Auto kaufen könne, findet wenig Gegenliebe. Gerade dies, wird erwidert, sei Ausdruck einer kapitalistischen Ausbeutung. Da kenne sich einer aus, zumal die weitere Frage, weshalb sie sich denn nicht durch einen Übertritt in die DDR in den Genuß der fortschrittlichen sozialen Errungenschaften brächten, einer Antwort nicht für würdig befunden wird. Vielleicht liegt es daran, daß sie selbst ein Auto ihr eigen nennen. Und das möchten sie ja schließlich behalten.

Erstaunlich nur, daß sich auch ein früherer hoher hanseatischer Bürgermeister, inzwischen zwar des Amtes verlustig, für Stamokap-Ideen erwärmen konnte. Da sind die Kumpels im Revier schon von anderem Format. Sie halten (so Ministerpräsident Rau) »Stamokap« für einen Pokal in der 2. Bundesliga. Wie die »Stamokaps« die neuen Ideen Gorbatschows (Glasnost und Perestrojka) den Genossen hier verständlich machen wollen, bleibt ihr Geheimnis. Es wird schwer sein.

Strikte Einhaltung und volle Anwendung der Verträge

Im Zusammenhang mit den Ostverträgen taucht immer wieder die Redewendung auf, es müsse auf eine Geist und Buchstaben entsprechende strikte Einhaltung und volle Anwendung der vertraglichen Vereinbarungen Bedacht genommen und hierzu auch der Vertragspartner angehalten werden. Nun liegt es, juristisch gesehen, im Sinn und Wesen eines Vertrages, daß sich die Vertragschließenden daran halten – in allen Punkten. Weshalb also das immer wieder laut verkündete Anliegen, auf eine strikte Einhaltung und volle Anwendung hinzuwirken? Soll das heißen, daß getroffene Vereinbarungen nicht, nicht strikt, nicht voll und entgegen Geist und Buchstaben angewandt werden? Wenn das der Fall wäre, liegt eine Vertragsverletzung vor. Der davon betroffene Vertragspartner hat das Recht, die Einhaltung des Vertrages zu fordern und kann sein Recht gerichtlich durchsetzen, indem er auf Erfüllung klagt, möglicherweise auf Schadensersatz, oder aber er kündigt den Vertrag wegen Wegfalls der Geschäftsgrundlage bzw. macht von dem normalerweise in jedem Vertrag vorgesehenen Kündigungsrecht Gebrauch. So jedenfalls im Zivilrecht.

Bei Staatsverträgen scheinen andere Spielregeln zu gelten. Es wird anscheinend von vornherein eingeplant, daß der Vertragspartner nicht unbedingt die Abmachungen einhält. Oder man sieht es als einen besonderen Höhenflug vertraglicher Treue an, wenn sich die Partner strikt und voll danach richten, was sie vertraglich festgelegt haben.

Nun ist nicht zu leugnen, daß Verträge unterschiedliche Auslegungen, in Einzelfragen, zulassen. Das muß dann außergerichtlich oder gerichtlich geklärt werden.

Bei Staatsverträgen, die schon von der Tragweite her einen wesentlich höheren Rang einnehmen, sieht das offenbar ganz anders aus. Hier wird, und das ist das Betrübliche, nicht im gleichen Sinne verfahren. Man unterscheidet zwischen Anwendung, nicht strikter Einhaltung und einer nicht vollen Anwendung des Vereinbarten. Da kenne sich einer aus, zumal man geneigt ist anzunehmen, daß Staatsverträge von hoher Bedeutung auch qualitativ, nicht zuletzt durch deren sorgfältige intensive Vorbereitung in den Ministerien, an Genauigkeit und Klarheit nichts zu wünschen übriglassen.

Es stimmt daher traurig, wenn die Einhaltung von Verträgen für jeden Handwerksmeister verbindlich ist, bei internationalen Verträgen hingegen andere Maßstäbe gelten sollen.

Subbotnik

Es versetzt immer wieder in Erstaunen, mit welchen »indischen Seiltricks« die Politiker hüben und drüben (es lebe die Einheit der Nation) die Bürger hinters Licht führen. So haben die Genossen von drüben (also nicht die Genossen Vogel von hüben und diejenigen, die bei »Honey« ständig »auf der Matte« stehen) mit der Übernahme des aus dem russischen kommenden Begriffs »Subbotnik« wieder mal ins Schwarze getroffen.
Fragt man im Westen, was dies bedeute, erhält man die merkwürdigsten Antworten. Man hält es für ein neues Suppengewürz, für die von der Prinzessin von Monaco neu kreierte Bademode (mit oben und unten ohne?) oder gar für neu importierte Sexpraktiken aus den mit Steuergeldern bedachten Entwicklungsländern. Dabei ist es, wenn man ein russisches Wörterbuch zur Hand hat, ganz einfach:
Es bedeutet, etwas frei übersetzt, schlicht nur, daß sich die Bürger drüben in ihrer arbeitsfreien Zeit für einen unentgeltlichen Arbeitseinsatz zur Verfügung stellen sollen bzw. müssen. Im 1000jährigen Hitlerreich wurde dies unter dem Motto »Arbeit adelt« verkauft. Im Westen 1987 scheint man da weniger ideologisch:
Man singt ganz einfach:
»Da wird wieder in die Hände gespuckt, wir fördern das Bruttosozialprodukt.«
Da weiß man wenigstens, wohin die Reise geht und worauf es ankommt, wenn man die Freuden des Daseins (Reisen in ferne Länder eingeschlossen) genießen will. Mit Schlagworten wie Glasnost und Perestrojka läßt sich kein Scheißhaus stürmen. Das wissen die »mündigen Bürger« hüben und drüben, auch die Genossen.

Supranational

Neben Begriffen wie »bilateral« und »multilateral« wird in Parlamenten, Parteiveranstaltungen und Kongressen auch von supranationalen Notwendigkeiten, Einsichten, Forderungen usw. gesprochen. Das wirkt, und darauf kommt es an, auch wenn sich kein vernünftiger Mensch etwas darunter vorstellen kann. Politiker der Mittelklasse sind am Stammtisch in vorgerückter Stunde gelegentlich ehrlich genug zu bekennen, auch sie wüßten nicht so recht, was sich dahinter verberge. Dies sei auch nicht so wichtig. Hausfrauen wüßten ja auch nicht, was Lotion bedeute, und kauften es trotzdem. Man sieht, Politiker haben Gespür. Man ist schließlich wer, wenn man vom supranationalen »Dingsbums« redet. Das schlägt ein, wertet auf und bringt Erfolg, auch wenn unklar bleibt, was es damit auf sich hat. Der Erfolg macht lüstern, und man folgert messerscharf, wenn das so gut ankommt, muß ja wohl etwas dran sein. Wer allerdings, neugierig geworden, feststellen muß, daß unter »supranational« im wesentlichen nur »überstaatliches« Recht verstanden wird, ist meist enttäuscht, was jedoch Politiker nicht hindern kann, weiterhin diesen Begriff zu verwenden. Er klingt ja so schön.

Swing

Welcher gutartige Bürger ist nicht in hohem Maße beeindruckt, wenn Minister (vornehmlich Wirtschaftsminister) dem »Swing« besondere Aufmerksamkeit schenken. Schließlich sind auch sie Menschen, die ihre Freude daran haben, im Swingrhythmus Partner des anderen Geschlechts über die Tanzfläche zu bewegen, wobei es völlig dahingestellt sein kann, ob der Tanz – wie gelegentlich behauptet – ausschließlich zur Vorbereitung des Geschlechtsverkehrs dient. So streng sollte man nicht sein, sind doch die Freude an der Bewegung und allein die Lust an der Freude nicht gering zu achten. Mit ganz anderen Dingen muß man sich leider auseinandersetzen, wenn Wirtschaftspolitiker von »Swing« sprechen. Da wird es kriminell, weil sie unter »Swing« etwas ganz anderes verstehen als das, was uns vorschwebt und wovon wir noch gelegentlich träumen. Da ist keine Rede davon, daß Swing (= schwingen) im Grunde die rhythmische Verschiebung, die die Monotonie des geraden Taktes aufhebt und ihm eine schwingende Bewegung verleiht, bedeutet.

Im Gegenteil: Wenn der Wirtschaftsminister oder die Vertreter der Regierung von Swing sprechen, geht es um ganz handfeste wirtschaftliche Interessen, nämlich um Kreditgrenzen bei zweiseitigen Handelsverträgen. Und da ist die DDR Spitze.

Um ehrlich zu sein: Diese dem Tanz abholde Auslegung ist dem Duden entnommen. Sie zu verstehen ist schwer. Nur so viel ist klargeworden, daß die Wirtschaftsminister, wenn sie Handelsverträge aushecken, nicht zu tanzen pflegen. Schade eigentlich! Denn wer den früheren Wirtschaftsminister Friderichs anläßlich hoher Feste kennenzulernen die Ehre hatte, kam nicht umhin, ihm hohe tänzerische Fähigkeiten zu bescheinigen. Was jedoch unter »wirtschaftlichem Swing« zu verstehen ist, weiß kaum jemand. Aber das ist ja auch nicht wichtig. Hauptsache »Swing« – das hört jeder gern. Und wenn Politiker dies für gut halten, kann schließlich kein vernünftiger Mensch Schlechtes dabei denken.

Tag der Heimat · Tag des Baumes · Tag der Milch · Europatag · Weltfriedenstag · Weltspartag · Tag der Heimat · Woche der Brüderlichkeit · Jahr des Kindes · Jahr der Behinderten

Und vieles andere mehr wird uns als erinnerungswürdig ins Gedächtnis gerufen mit der Aufforderung, dafür etwas zu tun.
Wer wäre dazu nicht gewillt? Aber, so fragen gebeutelte Steuerzahler, was sollen und wem dienen eigentlich diese meist aufwendigen Veranstaltungen?
Außerdem: Verbirgt sich hinter solch hochgestochenen Aufrufen nicht die ganze Armut unseres politischen Alltags? Müssen besondere Tage, Wochen oder Jahre festgelegt werden, um Anliegen Gehör zu verschaffen, die unser tägliches Brot sein sollten? Besonders beklemmend ist, wenn »Heimat« und »Kind« als besonders erinnerungswürdig angesehen werden. Will man sich auf diese primitive Weise ein Alibi verschaffen? Soll es genügen, sich einmal im Jahr der »Heimat« zu erinnern, und soll es ausreichen, sich ein Jahr lang dessen bewußt zu sein, daß unsere Kinder höchstes Gut sind? Fällt den Politikern nichts Besseres ein?
Sie werden uns vielleicht auch noch
den Tag der Kartoffel,
den Tag des Pferdes,
den Tag des Hundes,
verheißen.
Daß es zu allem Überfluß, getreu unserem föderalistischen Staatsaufbau, auch noch »Sondertage« der einzelnen Bundesländer gibt, beweist ein Erlaß des Sozialministeriums Nordrhein-Westfalen von 1979, und zwar am 29.8.1979 einen Tag des Kindes in Form eines schulfreien Kinderfesttages zu begehen, was nach Pressemeldungen die Schulbehörden der Städte und Gemeinden, soweit sie davon überhaupt Kenntnis erhielten, in heillose Verwirrung gestürzt haben soll. Da wollte auch Niedersachsen nicht zurückstehen und erfand den »Niedersachsentag«.

Talsohle

Es gehört zu den immer wieder bemühten Begriffen unserer Parlamentarier, insbesondere von Vertretern der Regierungsparteien, daß sie uns mit freudvollem Augenaufschlag ein hohes Maß an Wohlergehen verheißen, wenn erst einmal die »Talsohle« durchschritten sei. Leider sagen sie nicht, wie man aus der Talsohle, d. h. dem wirtschaftlichen Abschwung oder der bedrückenden Arbeitslosigkeit, herauskommen kann.

Das ist aber, so meinen die Parteistrategen, auch gar nicht so wichtig. Denn wer eine Talsohle signalisiert, weiß natürlich, daß es nach Durchschreitung derselben wieder aufwärtsgeht. Dies erinnert an einen Wanderer, der sich den mühseligen Aufstieg zu einem Gipfel mit dem Gedanken »versüßt«, daß ihm nach Erreichung des Gipfels das Glück eines weniger beschwerlichen Abstiegs winkt.

Unsere Politiker sind schon pfiffige Leute. Indem sie uns die Talsohle als Endpunkt eines wirtschaftlichen Tiefs beschreiben, erwecken sie zugleich die Hoffnung, nun sei das Schlimmste überstanden. Dies ist insbesondere vor Wahlen wichtig, wenn die üblichen Wahlgeschenke »mangels Masse« ausbleiben.

Tendenzwende

Von Tendenzwende sprechen insbesondere die Regierenden immer dann, wenn – was sie schamhaft verschweigen – etwas »faul im Staate Dänemark« ist. Der Bürger hört es gern und ist befriedigt, weil er unter Wende nur eine Entwicklung zum Besseren versteht. Daß Tendenz (= Strömung, allgemeine Grundstimmung) in Verbindung mit Wende auch eine Hinwendung (Umschlagen) ins Negative bedeuten kann, bleibt unbeachtet. So wird »Tendenzwende« mehr und mehr zum Zauberwort, etwa in dem Sinne, daß es schlimmer nicht mehr kommen könne. Neben Politikern von Rang machen gelegentlich auch hohe Staatsfunktionäre (z. T. mit dem Titel eines Präsidenten bedacht) in »Tendenzwende«. Ein hervorragender Vertreter dieser Gattung ist beispielsweise der Präsident der Bundesanstalt für Arbeit, dem offensichtlich feste Sendezeiten im Fernsehen eingeräumt sind. Vergleiche zu Sommerauers »Wort zum Sonntag« drängen sich auf. Das bezieht sich nicht nur auf die ernste Miene und das Erscheinungsbild dieser gehobenen Fernsehstars. Auch vom Inhalt her bieten sie immer das gleiche: das Hoffen auf die Erlösung. So wird jeder Silberstreif am Horizont zur Tendenzwende i. S. des Besseren, wenngleich zuzugeben ist, daß der Präsident der Bundesanstalt für Arbeit angesichts der unbefriedigenden Zahlen auf dem Arbeitsmarkt etwas nachdenklich geworden ist und »ernste Sorge« signalisiert.

Im übrigen: Tendenzwende gibt es im Sprachgebrauch der Politiker vornehmlich im Bereich der Wirtschafts-, Finanz- und Sozialpolitik. Vertraut man den Verlautbarungen des Presseinformationsamtes der Bundesregierung, sind Tendenzwenden ausschließlich im positiven Sinne zu sehen. Alles und jedes wird besser. Auch wenn es im Moment trübe aussieht, die Tendenzwende wendet alles zum Besseren, man muß nur mithelfen, daß die Regierenden an der Macht bleiben. Sie sind ja so uneigennützig und nur auf unser aller Wohl bedacht. Die Übergewichtigkeit der Satten (siehe Bangemann, Kohl, Genscher, Blüm, Strauß usw.) sei rein zufällig.

Transformation

Wer gelegentlich Gast bei politischen Veranstaltungen (Funk und Fernsehen eingeschlossen) ist, wird in zunehmendem Maße von der Notwendigkeit einer »optimalen Transformation« hören. Wem noch Physikkenntnisse aus der Schulzeit in Erinnerung geblieben sind, der vermutet, daß Transformation etwas mit Elektrizität, nämlich der Umformung von Wechselspannungen, zu tun hat. Da sich politische Veranstaltungen nicht mit physikalischen Gesetzen zu befassen pflegen, wird deutlich, wie klug doch unsere Politiker und Funktionäre sind. Sie sprechen von Transformation, was den Eindruck des Wissenschaftlichen erweckt und einen hohen Kenntnisreichtum verrät, und meinen im Grunde nichts anderes, als daß es an der Zeit sei, sich wieder einmal um 180 Grad zu drehen, was insbesondere vor Wahlen wichtig ist. Da kann man nicht ohne weiteres sagen, man wolle den Sozialismus, den Konservatismus, den Liberalismus oder den nicht künstlich gedüngten Spinat um jeden Preis und die vielfältigen Versprechungen endlich in die Tat umsetzen. Der wählende Bürger bevorzugt Wachstum, Wohlstand, soziale Sicherheit, den Abbau staatlicher Reglementierung und leistungsfeindlicher Steuern, die Einführung vernunftgemäßen Handelns auch in Behörden, die Abschaffung filzokratischer »Selbstbedienungsläden«, die Beseitigung von ungerechtfertigten Steuervorteilen und Pensionsansprüchen (insbesondere von Parlamentariern), die Eindämmung des Parteibuchbeamtentums, die Förderung von Familien mit Kindern usw. usw. Das wissen natürlich auch unsere Politiker.

Nicht zuletzt deshalb transformieren sie alles und jedes, weil sie erkannt haben, daß die Masse der Wählenden ohnehin nicht weiß, was es damit auf sich hat. Die Wähler sagen sich, wenn die schon so etwas Tolles wie »Transformation« vorhaben, können wir nicht abseits stehen.

Daher ist »Transformation« für Politiker so etwas Schönes. Dennoch sollte eine kleine Ergänzung zum Hintersinn dieses Ausspruchs erlaubt sein. So ist im Duden nachzulesen, »Transformation« könne auch die Umstellung sexueller Triebe in andere Regungen bedeuten. Aber das wollen unsere Politiker doch wohl nicht?!

Transparenz

Wer könnte nicht in Verzückung geraten, wenn Politiker und Funktionäre das hohe Lied der »Transparenz« singen, d. h. für mehr Durchsichtigkeit, Verständlichkeit, Erkenntnisfähigkeit in Politik und Gesellschaft eintreten? Das ist in der Tat eine gute Sache. Selbst Gorbatschow (UdSSR) hat Glasnost entdeckt.

Im politischen Alltag sieht das jedoch etwas anders aus. Von »Transparenz« i. S. einer Aufhellung und Offenlegung politischer Tatbestände und beklagenswerter Nebenerscheinungen kann leider kaum die Rede sein.

Man denke nur an die Formulierungen in Parteiprogrammen. Wer kann das schon, von den Verfassern abgesehen, noch verstehen? Politische und sprachliche »Eiertänze« werden in einer Weise zum harmonischen Konzert vereinigt, daß jeder unbefangene und des Lesens und Schreibens kundige Bürger uneingeschränkt »ja« sagen kann. Mit »Transparenz« hat das natürlich wenig zu tun.

Eine ähnliche »hochgradige Transparenz« ist bei den zahlreichen »Parlamentarischen Untersuchungsausschüssen« festzustellen. Denn auch hier geht es nicht um Transparenz, d. h. die Aufhellung und Offenlegung skandalöser Zustände, sondern hauptsächlich darum, eine Beschmutzung des eigenen Nestes mit allen Mitteln zu vermeiden und möglichst dem politischen Gegner das Ei ins Nest zu legen. Die Ergebnisse sind entsprechend: Während die einen Verfehlungen hohen Grades feststellen, sind die anderen der Meinung, daß ins Zwielicht geratene Parlamentarier oder hohe Beamte sich »um das Vaterland verdient gemacht« haben. Es kommt eben immer auf den Standpunkt an und nicht auf »Transparenz«.

Und ich sage das mit allem Ernst ..., Ich gehe davon aus ..., Ich denke ..., Es macht keinen Sinn ...

Bedienen sich Politiker im Parlament dieser oft bemühten Redewendungen, gerät man als nüchterner und vorurteilsfreier Zuhörer in hilflose Bedrängnis. Man ist verstört. Denn als Bürger und Wähler »hier und heute in diesem Lande« geht man davon aus, daß die Volksvertreter die Anliegen ihrer Bürger bzw. die von den Parteien verkündeten und durch entsprechende Wählerstimmen gutgeheißenen Ziele selbstverständlich ernsthaft verfolgen. Daher muß es verwirren, wenn ein Abgeordneter betont, daß er dies oder jenes »mit allem Ernst« sage. Was soll's? Wir haben ja Herrn X, Y oder Z bzw. eine bestimmte Partei in dem Glauben gewählt, sie würden ernsthaft die gegebenen Versprechen einzulösen versuchen. Schließlich stand nicht die Wahl von »Scherzbolden«, sondern von Volksvertretern an, wobei es sicher nicht gering zu achten ist, wenn sie Sinn für Humor haben und auch im politischen Alltagsgeschäft gelegentlich über sich selbst lächeln. Was stört, ist der erhobene Zeigefinger mit dem Hinweis: »Und ich sage das mit allem Ernst!« Ähnliches gilt für Redewendungen wie: »Und ich sage das mit allem Nachdruck« oder: »Und ich sage das aus innerster Überzeugung«, was selten genug der Fall ist. Oder mit so dümmlichen einleitenden oder abschließenden Formulierungen wie »Ich denke ...« oder dies oder jenes »macht keinen Sinn«.

Aber damit nicht genug. Nun werden auch Regierungserklärungen, an denen bekanntlich Dutzende von Ministerien herumbasteln, bis sie von Ghostwritern ihre publikumswirksame Fassung erhalten, mit einem sprachlichen Eiertanz in Form eines sogenannten Leitwortes »eingeläutet«. So segelte die Regierungserklärung 1980 unter dem Motto »Mit Mut der Zukunft entgegensehen«. Was haben sich die Ghostwriter eigentlich dabei gedacht? Augenwischerei statt Mut zur Wahrheit? Hätte der ansonsten sprachgewaltige frühere Kanzler gesagt, man könne mit Vertrauen oder man müsse mit Sorge in die Zukunft blicken, wüßte jeder, woran er ist. Aber wie soll man »mit Mut der Zukunft entgegensehen«? Soll es bedeuten – und dies wäre vom sprachlichen Sinngehalt sicher richtig –, es gehöre schon eine Portion Mut dazu, an der Zukunft nicht zu verzweifeln? Wenn dies gemeint ist, hat der frühere Kanzler sicher recht. Denn da braucht man nur – trotz vieler schöner und beschwichtigender Worte – an die wachsen-

de Staatsverschuldung, die leeren Kassen, die negative Leistungsbilanz, die zunehmende Arbeitslosigkeit, den Stillstand im Wohnungsbau, die nicht mehr zu überbietende »Gesetzeritis«, die wachsende »Verbürokratisierung«, die wie eine Seuche um sich greifende staatliche Reglementierung, die Kastrierung von Eigeninitiativen durch steuerliche Maßregelungen, die ständig schwindende Wettbewerbsfähigkeit auf den Weltmärkten, die Liberalisierung des Strafrechts zu Lasten nicht straffälliger Bürger, die Duldung gewalttätiger kommunistischer Gruppen und Chaoten unter gleichzeitiger Verunsicherung der Polizei usw. usw. zu denken. Nur Schmidt war dem hilflos ausgeliefert. Schade!
Wie sagte doch Kaiser Wilhelm: »Wir gehen herrlichen Zeiten entgegen.« Und Kohl, der schwarze Riese und Wendekanzler, kann er es wenden oder »aussitzen«? Er schüttelt zwar ständig in infantiler Pose vor laufenden Fernsehkameras Hände von hohen Staatsfürsten, die unsere harten Steuergelder abkassieren. Aber reicht das, Schaden von unserem Volke abzuwenden, wie es der Amtseid vorschreibt?

Verbeamtung und wohlverdienter Ruhestand

Das unglückselige Wort von der Verbeamtung findet immer mehr Eingang in den Sprachschatz von beamteten Volksvertretern, die in den Parlamenten sitzen und dort als auf Zeit beurlaubte Beamte den Löwenanteil der Mandate innehaben.

Daß Beamte dafür sind, immer mehr Beamte zu erzeugen, weil dies nach den verrückten Stellenplänen der öffentlichen Hand, dem Parkinsonschen Gesetz entsprechend, auch höhere besoldungsrechtliche Eingruppierungen nach sich zieht, ist verständlich. Wer nur 50 Beamte unter sich hat, wird geringer eingestuft als derjenige, der auf eine stattliche Zahl von 100, 200 oder gar von 500 Beamten herabblicken kann. Also muß verbeamtet, d. h. es müssen immer mehr Beamtenstellen geschaffen werden. Schließlich kommen auf soundso viel Assistenten soundso viel Sekretäre, auf soundso viel Sekretäre soundso viel Obersekretäre, auf soundso viel Obersekretäre soundso viel Hauptsekretäre usw. usw. Dieses Zahlenspiel setzt sich dann fort vom Inspektor bis zum Ministerialdirektor. Erfreulicherweise gibt es auch Parlamentarier, die, weil nicht Beamte, meinen, daß eine uferlose Verbeamtung nicht der Weisheit letzter Schluß sei. Sie wagen also daran zu zweifeln, ob es notwendig ist, die Postzustellung, den Eisenbahndienst, die Feststellung von Sozialversicherungsrenten, die Ausstellung von Reisepässen usw. unbedingt von mit Hoheitsrechten ausgestatteten Beamten wahrnehmen zu lassen.

Es gibt, Gott sei Dank, sogar gelegentlich einsichtige Politiker, die meinen, daß sich viele sogenannte öffentliche Aufgaben viel besser und kostengünstiger durch Privatfirmen erledigen ließen. Aber wer glaubt schon daran? Die in den einschlägigen Gremien sitzenden (wenn auch auf Zeit beurlaubten) Beamten, ob im Bundestag, in den Länderparlamenten oder Kommunen, werden schon dafür sorgen, daß weiter verbeamtet wird.

Schade eigentlich, daß es noch kein Gesetz gibt, das Beamten (als Vertretern der Exekutive) verbietet, auch Parlamentarier (also Vertreter der Legislative) zu sein. Wie ist das eigentlich noch mit dem Grundsatz der Gewaltenteilung vereinbar? Oder sind Selbstbedienungsläden auch im politischen Bereich »in«? Die Parlamentarier beschließen ihre eigenen Diätenerhöhungen und die in den Parlamenten überrepräsentierten Beamten über die Anhebung ihrer Besoldungsstellen und den Ausbau schwachsinniger Stellenpläne.

Weshalb trotz allem weiter verbeamtet werden muß, hat – wie es in der heutigen Politsprache heißt – auch eine soziale Komponente, und zwar im Hinblick auf den »wohlverdienten Ruhestand«, der zur Zeit nur Beamten zuteil wird. Während Beamte in den sogenannten »wohlverdienten Ruhestand« treten, geht der normale Bürger »in Rente«. Und während Beamte Ruhegehaltsbezüge oder Pensionen beziehen, erhalten Arbeiter und Angestellte Rente.

Dies hat bei Nichtbeamten Ärgernis hervorgerufen. So wurde, abgesehen von der diskriminierenden Unterscheidung, u. a. beklagt, daß die Pensionen der Beamten ohne eigene Beitragsleistung vom Staat gezahlt werden, Renten dagegen aus Beiträgen der Arbeitgeber und Arbeitnehmer finanziert und nur vom Staat subventioniert werden. Dabei findet die These wenig Verständnis, der Staat zahle die Pensionen aufgrund seiner Alimentationspflicht, was eigentlich einleuchten müßte. Denn schließlich hat ja der Staat die Beamten durch sogenannte Hoheitsakte gezeugt. Also ist es recht und billig bzw. teuer, daß er auch Alimente zahlt, wobei es rechtlich unerheblich ist, ob die Zeugungsakte aus Lust oder Pflicht vollzogen werden. Betrachtet man die ständig wachsende Zahl an Staatsdienern, liegt der Verdacht nahe, daß doch wohl Lust und Tollerei im Spiel sein müssen. Und das läßt hoffen, nicht zuletzt im Hinblick auf eine baldige Gleichstellung von Pensionären und Rentnern. Denn Statistiker haben errechnet, daß es – unter Zugrundelegung der Beamtenvermehrungsquoten der letzten 10 Jahre – im Jahre 2010 nur noch Beamte geben wird. Damit ist auch das goldene Zeitalter von »Nur-noch-Pensionären« nicht mehr fern. Dann wird endlich jedem mündigen Bürger die Ehre zuteil, »in den wohlverdienten Ruhestand« treten zu können und nicht mehr in Rente gehen zu müssen. Der Gleichbehandlungsgrundsatz ist gewahrt: Es wird nur noch Pensionäre geben.

Daß Hand in Hand damit auch eine ständige Verkürzung der Lebensarbeitszeit stattfinden wird, versteht sich von selbst. Wie aus Kreisen der Jusos, Judos, Schwusos, Julis, Demos, Spontis usw., den künftigen Machern also, zu hören ist, sind 40jährige bereits alt und 50jährige schwachsinnige Greise, die – bei gleichzeitiger Herabsetzung des Volljährigkeitsalters auf 14 Jahre – zu entmündigen sind.

So wird also die Lebensarbeitszeit schon in jungen Jahren enden, die Zahl der zur Zeit noch Erwerbstätigen zwangsläufig sinken und Platz für die Arbeitslosen (mit Ausnahme der vom Staat gezüchteten Arbeitsscheuen, die es zu erhalten gilt) geschaffen.

Darüber hinaus wird diese Entwicklung auch Auswirkungen auf den Verbeamtungsprozeß haben. Denn bei der anhaltenden Beamtenvermehrung unter einer synchron laufenden Reduzierung der Wochen- und Lebensarbeitszeit sowie der zunehmenden

Verstaatlichung wird sich der Anteil der Staatsdiener zusätzlich vergrößern. Optimisten meinen, daß unter Berücksichtigung dieses Beschleunigungsprozesses noch vor dem Jahre 2000 die totale Verbeamtung aller Erwerbstätigen erreicht sein wird. Da es bis dahin angesichts der Konkurswelle, von der insbesondere Klein- und Mittelbetriebe betroffen sind, keine Selbständigen mehr geben wird, winkt auch dieser noch leistungsorientierten Personengruppe zum Glück ebenfalls ein echtes und lupenreines Pensionärsdasein.

Diese lebensqualitätserhöhende Errungenschaft wird nicht nur die absolute Gleichstellung aller Nichtmehrerwerbstätigen mit sich bringen, sondern einen weiteren segensreichen Nebeneffekt haben. Bisher konnten nämlich nur sogenannte politische Beamte, d. h. hohe Beamte ab Ministerialdirektor aufwärts, mit 75 % ihrer aktiven Bezüge jederzeit in den einstweiligen Ruhestand treten. Sie brauchten sich nur höheren Orts, in der Regel beim Minister, mißliebig zu machen oder in die falsche Partei überzuwechseln, um sich alsdann »in den besten Jahren« lukrativen Geschäften widmen zu können. Bei Herabsetzung der Lebensarbeitszeit werden diese Privilegien einem viel größeren Kreis zuteil. Hier eröffnen sich in der Tat erstaunliche Zukunftsperspektiven. Denn dann können alle Ruheständler im besten Alter einer ihnen genehmen und finanziell reizvollen Beschäftigung nachgehen, die sie möglicherweise jahrelang vermißt haben. Vor allem können sie die in der aktiven Zeit aufgespeicherten Energien für nutzbringende Arbeiten verwenden oder – je nach Temperament – müßiggehen; letzteres hat allerdings seine Tücken, weil Müßiggang nicht nur aller Laster Anfang ist, sondern nach höchstrichterlicher Rechtsprechung auch sehr strapaziös sein dürfte. Denn nach einem Urteil des Oberlandesgerichts Düsseldorf vom 3.1.1962 (Neue Juristische Wochenschrift 1962, S. 688, 1409 ff.) ist derjenige als Müßiggänger zu betrachten, »der seine Tage mit keinerlei Tätigkeit ausfüllt, die, unter welchen Gesichtspunkten auch immer, als noch irgendwie sinnvoll angesehen werden könnte, sondern ausschließlich Unzucht treibt«.

Fazit: Das goldene Zeitalter für Ruheständler, Pensionäre und Rentner ist nahe.

Die Frage, wer das bezahlen soll, stellt sich nicht. Denn ist der Staat erst ruiniert, lebt's sich völlig ungeniert. Und wenn die Ölscheichs keine Darlehen mehr geben können, bleibt als Ausweg immer noch die Steigerung der Lebensqualität durch Konsumverzicht.

Verhältnismäßigkeit der Mittel

Es gibt kaum einen Bereich, wo Politiker nicht von der gebotenen »Verhältnismäßigkeit der Mittel« sprechen. Wenn es z. B. darum geht, die Totengräber unserer Demokratie abzuwehren, so darf dies selbstverständlich nur mit der Einschränkung geschehen, wie es die »Verhältnismäßigkeit der Mittel« unbedingt notwendig erscheinen läßt. Werden also beispielsweise im Bau befindliche Kernkraftwerke mit Steinen und Molotowcocktails »beglückt«, dürfen sich die Hüter der Ordnung, d. h. unsere unterbezahlten Polizisten, nur mit Plastikschildern gegen rechtwidrige und tödliche Angriffe schützen. Versuchen sie, diesen Angriffen entgegenzutreten, müssen sie sich den Vorwurf gefallen lassen, mit »unverhältnismäßigen Mitteln« vorgegangen zu sein. Dabei spielt es keine Rolle, wenn später festgestellt wird, daß weit mehr Polizisten verletzt worden sind als angeblich aus rein »ideellen« Beweggründen »aufmüpfige« Demonstranten, die lediglich von ihren verfassungsmäßigen Grundrechten Gebrauch machen. Linke oder rechte Demonstranten sind Demokraten, Polizisten, die die Demokratie verteidigen, sind Bullen und müssen sich den Vorwurf gefallen lassen, das Gebot der »Verhältnismäßigkeit der Mittel« mißachtet zu haben.

Da ist unser unpolitisches Strafgesetzbuch doch eindeutiger. Dort wird unter Notwehr diejenige Verteidigung verstanden, die notwendig ist, um einen gegenwärtigen rechtswidrigen Angriff von sich oder einem anderen abzuwehren. Dieser Paragraph besteht seit fast 80 Jahren, ohne daß es so hochgestochener Begriffe wie »Verhältnismäßigkeit der Mittel« bedurfte. Und dieser Paragraph hat den Sinn, daß nicht in erster Linie der in Notwehr handelnde Angegriffene als Täter angeklagt wird, sondern der die Rechtsordnung mißachtende Angreifer. Warum soll das eigentlich nicht mehr gelten, wenn angeblich politisch motivierte Demonstranten Brandstiftung, Körperverletzung, Sachbeschädigung und Hausfriedensbruch begehen?

Um Irrtümern vorzubeugen: Auch die geltende Rechtsordnung gestattet es nicht, »mit Kanonen auf Spatzen zu schießen«. So werden auch Richter, die sich an Sitzblockaden beteiligen, übrigens ein völlig neues Bild von der »3. Gewalt«, von den unterbezahlten Ordnungshütern nur weggetragen und nicht, was man sich eigentlich wünschen möchte, zart und sanft in den pensionsträchtigen Hintern getreten.

VEB Horch und Guck, Intelligenzrente, Vitaminbasar, Sperrbrecher, Palazzo Protzi, Rucksackbulle

Die hier angesprochenen in der DDR gebräuchlichen Begriffe beziehen sich ausnahmsweise nicht auf Wortschöpfungen der Politokraten und Bürokraten drüben. Sie sind Volkes Stimme, von Menschen geprägt, die sich verraten und verkauft fühlen, sich zu arrangieren verstehen (weil sonst nichts geht) und – wie in allen Diktaturen – ihren angestauten Frust auf ironische und sarkastische Weise loszuwerden versuchen. Auch die vielen DDR-Witze weisen in diese Richtung. Hinzu kommt, insbesondere bei den lustigen Sachsen und den frechen Berlinern ein angeborener Mutterwitz, der es selbst den Nazis schwermachte, Haltung zu bewahren. Ähnliches muß auch die SED (= Sozialistische Einheitspartei) erfahren und über sich ergehen lassen.
So kann sie es nicht verhindern, wenn »Volkes Stimme« den Begriff VEB (= Volkseigener Betrieb) auch auf den Stasi (= Staatssicherheitsdienst) überträgt und diese allgegenwärtige Institution, vor der niemand sicher ist, als »VEB Horch und Guck« bezeichnet. Auch der Palast der Republik, ein aufwendiger Bau am Marx-Engels-Platz in Ostberlin, hat sein Fett weg. Er wird sinnigerweise (sicher angesichts der verheerenden Wohnungsmisere drüben), Palazzo Protzi genannt. Von ähnlichem Einfallsreichtum zeugen Wortschöpfungen wie »Vitaminbasar« anstelle von Obstladen, »Sperrbrecher« anstelle von Flüchtlingen, die die Mauer in Richtung Westen zu überwinden versuchen, »Intelligenzrente« anstelle von Betriebsrente, die allerdings nur sogenannte Leitungskader der sozialistischen Intelligenz erhalten, und schließlich »Rucksackbulle«. Dieser letztere Begriff ist möglicherweise zweideutig, vielleicht auch von einer gewissen Pikanterie. Aber dem ist nicht so. Es handelt sich hierbei lediglich um einen »Werktätigen« einer Besamungsstation, der den Samen im Rucksack per Motorrad zu den zu besamenden, in freudiger Erregung harrenden weiblichen »rauhfutterverzehrenden Großtiereinheiten« (auf deutsch: Kühe) zu befördern hat.
Zu vielen Wortschöpfungen dieser Art gesellen sich (diktaturbedingt) noch weit mehr Witze, in denen die Politoberen und Bürokraten (die Luft muß raus) »auf den Arm genommen werden«. Daß diese Witze nur unter der Hand gehandelt werden, versteht sich (siehe Stasi). Dennoch kennt sie jeder. Hier einige Beispiele:

- Am Abend beim Sonnenuntergang sagt »Honey«:
  »Liebe Sonne, du warst wunderbar, ich danke dir.«
  »Ach was«, sagt die Sonne, »du kannst mich am Arsch lecken, jetzt bin ich im Westen.«
- Worin besteht der Unterschied zwischen Hitler und Honecker? Hitler kassierte die Ostmark, Honecker vereinnahmt die Westmark.
- »Welcher Nationalität waren Adam und Eva«, wird ein »Ostzonesier« (= Mitteldeutscher) gefragt. Antwort: »Natürlich waren sie Russen. Sie hatten nichts anzuziehen, keine Wohnung, und es wurde ihnen gesagt, sie seien im Paradies.«
- Zwei Vopos (= Volkspolizisten) gehen mit ihrem Polizeihund Streife. Sagt der eine zum Kollegen: »Weshalb guckste dem Hund immer in den Hintern?«
  Antwort: »Ich will wissen, ob er wirklich 2 Arschlöcher hat; denn immer wenn wir hier vorbeikommen, sagen die Leute: Giek mal, da kommt wieder der Hund mit den 2 Arschlöchern.«
- Ein hoher SED-Funktionär kommt nach Hause.
  »Du«, sagt seine Frau, »der Lehrer war da, unser Sohn soll auf die Sonderschule.«
  »Na und«, sagt der Mann, »wenn er das Zeug dazu hat.«
- Wie heißt die Partnerstadt von Tschernobyl?
  Antwort: »Stralsund natürlich.«
- Ein »Werktätiger« kommt in einen »HO-Laden«:
  »Tag Genosse.«
  »Hast Du Nägel?«
  »Nee.«
  »Haste Schrauben?«
  »Nee.«
  »Haste Schraubenzieher?«
  »Schraubenzieher heißen jetzt Schraubendreher.«
  »Und, haste Schraubendreher?«
  »Nee.«
  »Na, was haste denn überhaupt?«
  »Durchgehend geöffnet.«
  »Und warum haste durchgehend geöffnet, wenn du doch nichts zu verkoofen hast?«
  »Schloß kaputt.«
- »Was hältste von Angola?« wird ein Ostberliner gefragt.
  Antwort: »Ehrlich gesagt, an Cola kann ich mir dotsaufen.«

Neben vielen politischen Witzen, sie sind Legion, machen natürlich auch deftige Sprüche die Runde. Sie sind von einmaliger Brillanz, hier einige wenige Beispiele:

- Lieber'n »Blauen« (gemeint ist ein 100-DM-Schein) in der Tasche als'n Roten in der Familie.
- Lieber ohne Glied im Puff als Mitglied in der SED.
- Lieber im Bett mit der Sekretärin als Seite an Seite mit dem Parteisekretär.
- Lieber Westgeld in der Tasche als Sand im Getriebe.
- Lieber zweifelhaft als Einzelhaft.
- Lieber fernsehgeil als radioaktiv in Tschernobyl.

Und nicht vergessen dürfen natürlich nicht die unzähligen Eriwan-Witze: Hier nur eine kleine Auswahl. Sie verraten mit Ironie, Sarkasmus und schwarzem Humor letztlich nur, wie sich die Bürger im Osten, in den sogenannten Volksdemokratien, verraten und verkauft fühlen.
Das hört sich dann so an:

Anfrage an Eriwan:
»Stimmt es, daß der Kapitalismus im Sterben liegt?«
Antwort: »Im Prinzip ja, aber was für ein schöner Tod.«

Anfrage an Eriwan:
»Kann ein junger Genosse einen älteren Genossen kritisieren?«
Antwort: »Im Prinzip ja, aber es wäre schade um den jungen Genossen.«

Anfrage an Eriwan:
»Sind im real existierenden Sozialismus alle Menschen gleich?«
Antwort: »Im Prinzip ja, nur einige sind gleicher.«

Verursacherprinzip und Umweltschutz

Der Bundesbürger erstickt im Wohlstandsmüll, die Industrie verpestet Luft und Wasser, Lärm macht uns krank, höchstgefährliche chemische Substanzen, z. T. auf zentralen Müllabladeplätzen gelagert, haben die Sprengkraft von Zeitbomben. Angesichts dieser bedrohlichen Situation wurde das »Verursacherprinzip« erfunden, worunter sich leider nur wenige etwas vorstellen können. Das ist schade. Nun ist zugegeben, daß dieser Begriff nicht hinreichend das zum Ausdruck bringt, was gemeint ist. Es sollen nämlich diejenigen, die uns und unsere Umwelt – aus welchen Gründen auch immer – gefährden, d. h., die die Gefahren verursachen, auch für deren Beseitigung Sorge tragen. Das ist im Grunde ein selbstverständliches rechtliches Gebot, das im Grundsatz schon im Bürgerlichen Gesetzbuch aus dem Jahre 1900 verankert ist.

Nun läßt sich einwenden, daß es in unserer modernen, auf ständiges Wachstum ausgerichteten Gesellschaft ohne Risiken nicht geht. Wer könnte das, von fanatischen Umweltschützern abgesehen, nicht verstehen. Ein Leben ohne Risiken gibt es nicht. Auch ein Abwägen des Notwendigen mit dem noch Vertretbaren verdient Beachtung. Jedenfalls dürfte die Mehrheit der Bürger die Versorgung mit Wärme und elektrischem Strom durch Kernkraftwerke (trotz der möglicherweise damit verbundenen Gefahren) für angenehmer halten, als bei Kerzenlicht zu frieren. Zudem, wer möchte die sonstigen vielen Annehmlichkeiten unseres Lebens, die uns, wenn auch nicht immer ungefährliche Technologien ermöglichen, missen (angefangen vom Schaumbad bis hin zur Verwendung von Kunstdünger und chemischen Spritzmitteln), vorausgesetzt, daß das Verursacherprinzip zur Anwendung kommt. Auch »Grüne« sitzen im Warmen, baden gern, föhnen sich die Haare und nehmen an Grillparties teil.

Was immer wieder Erstaunen auslöst, ist die Tatsache, daß beispielsweise die chemische Industrie hochgradige Giftstoffe, selbstverständlich zu Nutz und Frommen unserer Gesellschaft, herzustellen in der Lage ist, hingegen die dabei anfallenden Nebenprodukte oder Restbestände nicht wieder in harmlose Ausgangsstoffe zurückverwandeln kann. Jedenfalls fragt sich der unbefangene Betrachter: Wenn diese hochintelligenten Leute so tolle Sachen erfinden und herstellen können, weshalb ist es ihnen nicht möglich, z. B. die auf Halden in Fässern gelagerten Giftstoffe wieder in ihre ungefährliche Ursprungsform zurückzuveredeln oder unschädlich zu machen? Und warum soll es eigentlich nicht möglich sein, z. B. einen aus Äpfeln gebrannten Schnaps, weil der

Alkoholverbrauch sinkt und die Naturfanatiker Oberwasser (nicht Feuerwasser) haben, in rotbäckige Äpfel, zumindest aber in alkoholfreies Apfelmus zurückzuverwandeln? Das mögen sicher wirklichkeitsfremde Vorstellungen sein. Aber nachdem unsere Wissenschaftler imstande sind, Atombomben herzustellen und Spaziergänge auf dem Mond zu ermöglichen, weshalb eigentlich nicht auch dies? Vielleicht könnte unser Forschungsminister oder der Entwicklungshilfeminister (da wäre doch wirklich etwas Vernünftiges zu entwickeln) einmal darüber nachdenken.

Nun gibt es im Bereich des Umweltschutzes auch weniger brisante Themen, die den Bürgern, und das sollte man nicht gering achten, auf den Nägeln brennen. Da ist beispielsweise an die Umweltverschmutzung durch Hundefäkalien zu denken. Wer das Glück oder Pech hat, ein besonders günstig gelegenes Grundstück zu haben, was die »süßen Vierbeiner« in zunehmendem Maße dazu verleitet, ihren Verdauungsprozeß gerade dort zu vollenden, wird kaum Anlaß zur Freude haben. Noch weniger darüber, daß er kraft Gemeindeordnung unter Androhung entsprechender Bußgelder verpflichtet wird, die Gehwege rein zu halten. Da der Ausdruck »Buße« ohnehin schockiert (weshalb soll man eigentlich »büßen«, wenn fremde Hunde die Bürgersteige verunreinigen), liegt es nahe, die zuständigen Minister zu fragen, was sie eigentlich zur Lösung dieses – im Verhältnis zur »Entsorgung« des Atommülls – verhältnismäßig einfachen Problems getan haben.

Antwort: Natürlich nichts, obwohl ein »mündiger Bürger« sowohl die Gesundheitsministerin als auch den Innenminister auf die Gesundheitsgefahren und die Störung der öffentlichen Ordnung wegen der zunehmenden Verschmutzung mit Hundefäkalien (täglich fallen 300 Tonnen an) aufmerksam gemacht und der Bundesregierung sogar einen Gesetzesvorschlag unterbreitet hatte. Und obwohl sich dieser Gesetzesvorschlag haargenau an das ansonsten hochgejubelte Verursacherprinzip anlehnte, blieb jede Reaktion der Ministerialen aus. Schade eigentlich. Denn offensichtlich wurde höheren Ortes verkannt, daß der Gesetzentwurf nicht nur mehr »Lebensqualität« versprach, sondern auch den oft bemühten Gedanken der Selbstverwaltung (die unmittelbar Beteiligten regeln öffentliche Angelegenheiten, wenn auch unter staatlicher Aufsicht, selbst) und listigerweise auch die Freude unserer Bürger an Vereinigungen und schönen Uniformen in weiser Einsicht berücksichtigte, wie der folgende Wortlaut (er lehnt sich streng an die sonstigen Gesetzesvorlagen der Bundesregierung an) verdeutlicht:

Begründung zum Entwurf des Gesetzes zum Schutze der Bevölkerung vor Hundefäkalien (Hundeexkrementengesetz (Huex Ge):

Die Bundesregierung beobachtet mit großer Sorge die zunehmende Verschmutzung der

Straßen und Gehwege durch Hundeexkremente; sie sieht darin nicht nur eine Gefahr für die Gesundheit der Bevölkerung, sondern auch eine Beeinträchtigung der persönlichen Freiheit der Passanten und Spaziergänger. Entsprechend der Regierungserklärung, die dem mündigen Bürger mehr Lebensqualität (und nicht mehr Fäkalien) in Aussicht stellte, hält es die Bundesregierung für geboten, den anliegenden Gesetzesentwurf Bundestag und Bundesrat zur baldmöglichen Annahme zu empfehlen.

Entwurf

§ 1

Die Halter von Hunden werden auf regionaler Basis (Kreise, kreisfreie Städte) in Hundehalter-Genossenschaften zusammengeschlossen, die sich zur Koordinierung ihrer Aufgaben auf Landes- und Bundesebene in Dachverbänden organisieren.

§ 2

Aufgabe dieser Genossenschaften ist es, Straßen und Wege von Hundefäkalien freizuhalten.

§ 3

Die Hundehalter-Genossenschaften sind Körperschaften des öffentlichen Rechts, die sich selbst verwalten und unterhalten. Sie unterliegen der Aufsicht des Bundesministers für Gesundheit und des Bundesministers des Innern.

§ 4

Mitglied der Genossenschaft im Sinne des § 1 ist jeder Hundehalter. Die Mitgliedschaft beginnt kraft Gesetzes mit der Anschaffung eines Hundes.

§ 5

Die Mitglieder dieser Genossenschaft wählen aus ihrer Mitte einen Vorstand, der für die Wahrnehmung der sich aus § 2 ergebenden Aufgabe verantwortlich ist. Zu diesem Zweck ist er berechtigt, die Hundehalter anteilig je nach den zu bildenden Fäkalienbezirken, Fäkalienoberbezirken und Fäkalienhauptbezirken zur Beseitigung der Hundeexkremente zu verpflichten oder hauptamtliche Fäkalienbeseitiger anzustellen. Hundehalter, die sich ihrer Sachleistungspflicht entziehen, können mit einem Bußgeld bis zu 10.000,– DM belegt werden.

Über die Reinhaltung der Fäkalienbezirke wacht der Vorstand, der sich hierzu hauptamtlicher Fäkalien-Aufsichtsbeamter bedienen kann. Diese müssen ein Hochschulstudium mit Erfolg abgeschlossen und eine Staatsprüfung über Umweltschutz (Fachrichtung Hundefäkalien) abgelegt haben.

§ 6

Sowohl die ehrenamtlichen als auch die hauptamtlichen Fäkalienbeseitiger sind zum Tragen einer Uniform mit entsprechenden Dienstgradabzeichen (Fäkalienmeister, Fäkalienobermeister, Fäkalienrat, Fäkaliendirektor) berechtigt. Näheres hierüber bestimmt der Bundesminister des Innern. Entsprechendes gilt für die Fäkalienbeseitigungsgeräte und deren Kennzeichnung. Sie müssen den einschlägigen DIN-Normen und Sicherheitsvorschriften entsprechen.

§ 7

Alle durch die Wahrnehmung der gesetzlichen Aufgaben entstehenden Kosten sind je zur Hälfte von den Hundesteuerbehörden und den Hundehaltern aufzubringen. Der von den Hundehaltern aufzubringende Anteil ist durch Pflichtmitgliedsbeiträge zu erheben, die je nach Größe des Hundes (z. B. Bernhardiner Tarifklasse 10, Zwergpinscher Tarifklasse 0,5) gestaffelt werden können.

§ 8

Dieses Gesetz gilt auch im Lande Berlin.

Weshalb dieser durchaus einleuchtende, vernünftige und »verursacherprinzipsgerechte« Gesetzesentwurf keine Gegenliebe fand, ist leicht zu erklären. Streitet man sich schon bei der Entsorgung von Atommüll darüber, wer zuständig ist (Bund oder Länder), ergeben sich bei der Beseitigung von Hundedreck noch vielfältigere Zuständigkeitsfragen, weil sich insoweit auch noch ureigenste Kompetenzen der Gemeinden ergeben. Dies erhellt schon daraus, daß z. B. die Bundeshauptstadt Bonn der Überflutung mit Hundekot durch drastische Erhöhung der Hundesteuern beizukommen versucht, während andere Städte und Gemeinden, »hundefreundlicher gestimmt«, die Aufstellung von Hundeklos bevorzugen, wenn auch mit recht zweifelhaftem Erfolg. So konnten zwar einige Hunde für die Benutzung der Hundeklos interessiert werden, aber das Toilettenpapier blieb unbenutzt, und auch Verwechslungen mit den Sandkästen für spielende Kinder waren trotz ausreichender Beschriftung an der Tagesordnung. Denn Hunde, die Lesen können, sind selten. So müssen also auch weiterhin täglich ca. 300 Tonnen Hundekot umweltmäßig verkraftet werde.

Und was ebenso betrübt ist, daß selbst die »3. Gewalt« anscheinend vor der Umweltverschmutzung durch süße Vierbeiner kapituliert hat. So hat ein hoher Senat des Oberlandesgerichts Celle mit höchstrichterlichem Scharfsinn (Neue Juristische Wochenschrift 1979, S. 227) festgestellt, daß das Abfallbeseitigungsgesetz auf Hundefäkalien keine Anwendung finden könne, weil »sich weder die Abfalleigenschaft eindeutig bejahen lasse, noch für Hundefäkalien geeignete Abfallbeseitigungsanlagen vorhanden seien«. Daher sei, so befanden die hohen Richter, der den Hundehaltern wegen Umweltverschmutzung erteilte Bußgeldbescheid aufzuheben.

Was die hohen Richter ansonsten noch an Merkwürdigkeiten von sich gegeben haben, verdient sicher, vor allem wenn man dies im Verhältnis zu Umweltproblemen bei der friedlichen Nutzung der Kernenergie sieht, zweifellos Beachtung. So meinten die hohen Richter in ihrer Urteilsbegründung u. a.:

Es könne dahingestellt bleiben, ob die Hundehalterin noch Besitz oder Gewahrsam an dem Hundekot gehabt habe, nachdem der Rauhhaardackel bereits seine Notdurft verrichtet hatte, und ob insoweit noch ein Besitzwillen der Besitzerin rechtlich bedeutsam sei. Auch sei die Einordnung tierischer Fäkalien unter dem Begriff »Abfall« unmöglich und Hundekot mit Sicherheit kein Dung, weil sonst auch Taubendreck als solcher angesehen werden müsse.

Schließlich sei zu bedenken, daß es auch Fälle gäbe, in denen der Hund nicht nur zum Kotausscheiden ausgeführt werde und der Hundehalter von dem plötzlichen Bedürfnis seines Hundes überrascht werden könne. Zwar sei es verboten, auf öffentlichen Straßen Papier und Obstreste, Scherben und sonstige Abfälle wegzuwerfen, brennbare, fettlösende und seifenhaltige, unreine und übelriechende Flüssigkeiten und Fäkalien auszugießen, diese kasuistische Regelung treffe aber auf Hundesch... nicht zu, weil es sich bei dem »Ablagern von Fäkalien durch den Hund« nicht um ein Fäkalienausgießen, wegwerfen usw. handele.

Zu hoffen bleibt, daß in wesentlich wichtigeren Fragen des Umweltschutzes Gerichte nicht zu ähnlich humorigen Entscheidungen kommen.

Man sieht, weder die Exekutive noch die Rechtsprechung möchten sich mit den Hundehaltern anlegen. Denn nach neuesten Schätzungen gibt es in der Bundesrepublik über 4 Mio. Hunde, d. h. nahezu 12 Mio. hundefreundliche Wähler (Hundehalter und Ehepartner oder Lebensgefährten und erwachsene Kinder), die zu verärgern sich keine politische Partei leisten kann. So werden wir also weiter in die »Sch...« treten müssen. Umweltschutz und Verursacherprinzip bleiben auf der Strecke.

Volkskammer, Volksdemokratie, Volksarmee, Volkspolizei, Volksfront, Volksmarine, Volkswahlen

Die DDR, Deutsche Demokratische Republik, von vertriebenen oder geflüchteten Mitteldeutschen nach wie vor Ostzone (und ihre Bewohner Ostzonesier) genannt, ist nach den Worten der Politoberen drüben die Superdemokratie überhaupt. Und da Demokratie Herrschaft des Volkes bedeutet, ist der Begriff Volk allgegenwärtig. Dies beginnt schlicht mit »Volkskammer«; dort sitzen angeblich die gewählten Volksvertreter, die zwar niemand gewählt hat, obwohl es angeblich »Volkswahlen« gibt. Außerdem gibt es, nicht zu vergessen, die Volkspolizei (Vopo), die Volksmarine, die Nationale Volksarmee (NVA), die Volksfront (= Aktionseinheit mit kommunistisch orientierten Staaten im Westen), die Volksbildung und die Volkssolidarität. Nur Volkswagen gibt es nicht.

Von deutschem Boden darf nie wieder Krieg ausgehen

Es war Helmut Kohl, z. Zt. (1987) Bundeskanzler, der in seiner rhetorischen Einfältigkeit häufig zu sagen pflegte, »hier und heute in diesem Lande« müsse eben dies und jenes geschehen, anders werden usw. usw. Nun haben seine rhetorischen und sprachlichen Höhenflüge gewiß eine Ergänzung in den Reden von Honecker gefunden. Auch er, kein Meister der Rede und Rhetorik, weiß Gutes zu verkünden. So dürfe, sagt er, von deutschem Boden nie wieder ein Krieg ausgehen, und statt Nato-Waffen sei Frieden zu schaffen. Und Kohl verkündet »Mit immer weniger Waffen Frieden schaffen.« Auch er will also Frieden.

Da fragt man sich natürlich als einfältiger Bürger: Wenn die ohnehin schon alle dasselbe wollen, weshalb reißt man die Mauer (sprich »antifaschistischer Schutzwall« bzw. sogenannte Friedensgrenze) nicht nieder und fusioniert. Schließlich könnte man ja überflüssig gewordene Politiker und Beamte mit einer Staatsrente abfinden. Und »Honey« ist ja auch nicht mehr der Jüngste, und von Weizsäcker ist ebenfalls im Rentenalter und brauchte dann nicht mehr ständig auf roten Teppichen zu schreiten und mit irgendwelchen Potentaten bei deftiger Marschmusik Ehrenformationen abzuschreiten. Statt dessen könnte er wandern im deutschen Wald, Hand in Hand mit »Honey« und vielleicht mit Scheel, dem lustigen Sangesbruder mit dem Lied »Hoch auf dem gelben Wagen«.

Wahlplattform / Wahlprüfsteine

Ursprünglich war es nur die FDP (damals noch ohne Pünktchen), die vor Wahlen eine sogenannte Wahlplattform verkündete. Später zogen alle Parteien nach. Die Annahme, es könne sich hierbei um den Bau von Plattformen handeln, wie sie beispielsweise auf Bohrinseln, Leuchttürmen, Hochöfen, Industrieanlagen anzutreffen sind und von wo aus dann die Wahlprogramme ausposaunt würden, ist irrig. Politiker, die mit markiger Stimme Neues verkünden, waren dort nicht zu sehen. Das ist gut so, auch im Interesse der Unfallverhütung. Denn welcher Politiker ist schon schwindelfrei. So möchten auch die Parteistrategen diesen Begriff mehr im übertragenen Sinne verstanden wissen. Aber auch das löst Zweifel aus. Folgt man den Vorstellungen der Parteizentralen, so geht es darum, der sogenannten Basis eine Orientierungshilfe für den Wahlkampf zu geben. Es gilt, dem Wahlvolk Versprechungen schmackhaft zu machen, die eingehen und überzeugen. Da es kaum einen Wähler gibt, der die Programme der Parteien kennt oder versteht, was auch schwierig ist, weil sie sich ohnehin kaum voneinander unterscheiden, lag die Erfindung von Wahlplattformen nahe.

Kritische Betrachter könnten zwar auf die Idee kommen, bei Wahlplattformen an Plattheiten zu denken. Aber das ist wohl ein abwegiger Gedanke. Daß die in Wahlplattformen gemachten Versprechungen nach der Wahl – schon wegen der Sachzwänge – schnell vergessen sind, hindert die Parteien nicht, vor der nächsten Wahl eine neue Wahlplattform aus dem Hut zu zaubern.

Nun war es Breit, dem jetzigen DGB-Vorsitzenden und früheren Postbeamten (oder Postzusteller?), vorbehalten, noch einen draufzusetzen. So fordert er nicht nur Wahlplattformen, sondern für alle Parteien gleichermaßen »Wahlprüfsteine«, d. h., die Parteien mögen gefälligst vor der Wahl die Hosen runterlassen und verbindlich bekennen, was sie insbesondere zum Wohle der Gewerkschaften (Neue Heimat eingeschlossen) auf dem »Altar des Vaterlandes« zu opfern bereit sind. Nun war Breit sicher ein ausgezeichneter Postbeamter. Aber als Außenpolitiker in Südafrika, Ostreisender zum FdGB in die DDR (trotz Schüssen an der Mauer), war er wohl überfordert. Und als Aufsichtsratsvorsitzender der »Neuen Heimat« ohnehin.

Ein kleiner Sprachführer für bundesrepublikanische DDR-Besucher – Vergleichbares und Nichtvergleichbares –

Die unmenschliche äußere Trennung zwischen Ost und West, zwischen hüben und drüben, erzwungen durch Mauer und Stacheldraht, ist den Verantwortlichen drüben anscheinend noch nicht genug. Sie wollen auch eine gesellschaftspolitische, kulturelle und geistige Trennung. Dazu gehört u. a. die künstliche Errichtung von Sprachbarrieren durch Erfindung und Einführung immer neuer Wort- und Begriffsungetüme, die die Verständigung zwischen Normalbürgern hier und drüben erschweren. Auf besonders hirnrissige Sprachschöpfungen der Genossen drüben ist bereits an anderer Stelle eingegangen worden. Die folgende Liste von Begriffen in Form einer Gegenüberstellung Ost/West ist als eine Ergänzung gedacht. Möge sie die Gespräche mit den Landsleuten drüben erleichtern. Und hier und dort vielleicht ob mancher skurriler Wortprägungen ein wenig Heiterkeit verbreiten. Ein Trost, daß sich die Einheit der Nation sicher nicht durch rauhfutterverzehrende Großtiereinheiten (= Kühe) und geflügelte Jahresendfiguren (= Engel) in Frage stellen läßt. Daß auch die Politiker und Bürokraten hier ein wenig gegen die zunehmende sprachliche Überfremdung, insbesonders durch angelsächsische Begriffe, tun sollten, versteht sich von selbst. Die Gefahr indes, daß wir deshalb drüben nicht mehr verstanden würden, ist gering. Die drüben sehen regelmäßig das Westfernsehen und hören die westlichen Rundfunksender. Für sie ist dies das Tor zur Welt. Und sie wissen Bescheid, besser als mancher in der Bundesrepublik.
Daher dies zum besseren Verständnis hüben:

Drüben	*Hüben*
Deutsche Demokratische Republik	Bundesrepublik Deutschland
Abprodukte	Müll
Apparatschik	Funktionär
Antifaschistischer Schutzwall	Mauer Grenze zur DDR
Artothek	Sammlung von Gemäldereproduktionen
Aufsichter	Aufsichtsbeamter der Bahn

Bausoldat	Wehrdienstverweigerer
Barkas	Kleinbus, Kleintransporter
Betriebskampfgruppe	Werkschutz
Bezirke	Bundesländer
(Schwerin, Rostock, Neubrandenburg, Magdeburg, Potsdam, Frankfurt/Oder, Cottbus, Halle, Leipzig, Dresden, Erfurt, Gera, Suhl, Karl-Marx-Stadt, Berlin/Ost	(Schleswig-Holstein, Hamburg, Bremen, Niedersachsen, Nordrhein-Westfalen, Hessen,, Rheinland-Pfalz, Saarland, Baden-Württemberg, Bayern, Berlin/West

Die unterschiedliche Gliederung beruht darauf, daß die DDR ein zentralistischer Einheitsstaat und die Bundesrepublik ein föderalistischer Bundesstaat ist.

Boulevard	Fußgängerzone und Geschäftsstraße
Broiler	Brathähnchen
Brigade	Arbeitsgruppe, Team
Comecon	EG
Datscha	Sommer- und Wochenendlaube
Delikatladen	Feinkostgeschäft
Exquisitladen	Textilmodengeschäft für den gehobenen Bedarf
Einkoordinatenmeßgerät	Lineal
Elaste	Ware aus Kautschuk
Erdmöbel	Särge
Erntekapitän	Fahrer eines Mähdreschers
Facharbeiter für Schreibtechnik	Stenotypistin
Fleischzerlegungsbetrieb	Schlachthof
Flexibler Schüttgutbehälter	Sack
Friedensgrenze	Oder-Neiße-Grenze
Friedensschicht	Unbezahlte Überstunden
Friedenswacht	Grenzbewachung
Geflügelte Jahresendfigur	Engel
Handschlagrute	Schneebesen
Hausbrandservice	Kohlenhandlung
Hauspostschließanlage	Briefkasten

Havariedienst	Reparaturschnelldienst
Holzgliedermeßstab	Zollstock
Kollektiv	Arbeitsgruppe
Kombinat	Großbetrieb
Kreuzelklausur	Multiple-choice-Test
Ministerrat	Bundesregierung, Kabinett
Mitarbeiter für Einlaßkontrolle	Pförtner
Nationale Volksarmee	Bundeswehr

Nationalhymnen

›Auferstanden aus Ruinen
und der Zukunft zugewandt,
laß uns dir zum Guten dienen,
Deutschland einig Vaterland‹

›Einigkeit und Recht und Freiheit
für das deutsche Vaterland.
Danach laßt uns alle streben
brüderlich mit Herz und Hand‹

Also doch Anspruch auf ein »einig Vaterland«, hüben wie drüben? Weit gefehlt: Die hier wiedergegebene Strophe der R.-Becher-Hymne darf nicht mehr gesungen werden, übrigens die erste Strophe des Deutschlandliedes auch nicht!

Plaste	Ware aus Plastik
Rauhfutterverzehrende Großtiereinheit	Kuh, Ochse
Schallplattenunterhalter	Disjockey
Seezeichenmechaniker	Leuchtturmwärter
Sekundär-Rohstofferfassung	Recycling
Sichtagitation	Plakatwerbung
Spartakiade	Sportwettkampf der Jugend
Stadtbildaufklärer	Fremdenführer
Staatssicherheitsdienst	Verfassungsschutz
Subbotnik	Unbezahlter Arbeitseinsatz
Valuta	Westliche Währung
Verfassung	Grundgesetz
Veteran der Arbeit	Rentner
Vitaminbasar	Obstgeschäft

Volkskammer	Bundestag
Warschauer Pakt	Nato
Waschstützpunkt	Waschsalon
Werktätiger	Arbeitnehmer
Wohnblockzusteller	Postbote
Winkelelement	kleine Wimpel aus Papier, Fähnchen
Zootechnik	Methode der Nutztierhaltung

B *Abkürzungsperversionen oder »Hätten Sie's gewußt?«*

In der 1. Hälfte dieses Jahrhunderts waren Abkürzungen noch einigermaßen verständlich. So wußten die vielgerühmten »mündigen Bürger« noch, daß unter »BGB« das Bürgerliche Gesetzbuch, unter »StGB« das Strafgesetzbuch und unter »HGB« das Handelsgesetzbuch gemeint war, um nur einige Beispiele zu nennen. Das hat sich geändert, seitdem unsere Gesetze und Verordnungen immer weitschweifigere Bezeichnungen haben. Die Kunst, ein Gesetz, eine Verordnung oder einen Begriff sinnvoll und verständlich abzukürzen, scheint genauso verlorengegangen zu sein wie die Fähigkeit, klare und überschaubare Gesetze und Verordnungen zu machen. Oder wissen Sie, was sich unter folgenden Abkürzungen verbirgt?

AGBAFöGNW
AuslGVwV/AANW
AVOzSchFG
BliWaG
CPIVO
DVOzöbVerm-IngBO
HdlStatG
HO
GrEStUFG
KOVO
NOVO
NVA
LTierKBG
SchMG
Stasi
VEB
VKZVKG

Die Auflösung finden Sie auf der nächsten Seite.

AGBAFöGNW	Ausführungsgesetz (des Landes NRW) zum Bundesausbildungsförderungsgesetz
AuslGVwV/ AANW	Ausführungsanweisung (des Landes NRW) zur allgemeinen Verwaltungsvorschrift zur Ausführung des Ausländergesetzes
AVOzSchFG	Verordnung zur Ermittlung der Zahl der Lehrstellen, die zur Deckung des normalen Unterrichtsbedarfs an öffentlichen Schulen erforderlich sind
BliWaG	Gesetz über den Vertrieb von Blindenwaren
CPlVO	Campingplatzverordnung
DVOzöbVerm-IngBO	Verordnung zur Durchführung der Berufsordnung für die öffentlich bestellten Vermessungsingenieure in Nordrhein-Westfalen
HdlStatG	Gesetz über die Statistik im Handel und Gaststättengewerbe vom 10.11.1978
HO	Handelsorganisation Ost/eine staatliche Ladenkette der DDR
GrEStUFG	Gesetz über Grunderwerbsteuerbefreiung bei Änderung der Unternehmensform
KOVO	Kurorteverordnung
NOVO	Verordnung über Nachbarorte (Nachbarorteverordnung)
NVA	Nationale Volksarmee
LTierKBG	Gesetz zur Ausführung des Gesetzes über die Beseitigung von Tierkörpern, Tierkörperteilen und tierischen Erzeugnissen – Landestierkörperbeseitigungsgesetz
SchMG	Schulmitwirkungsgesetz
Stasi	Staatssicherheitsdienst (auch VEB »Horch und Guck« genannt)
VEB	Volkseigener Betrieb
VKZVKG	Gesetz über die kommunalen Versorgungskassen und Zusatzversorgungskassen im Lande NW

C Nachlese

Nur ein Teil der Begriffe und Aussagen im Polit-, Partei- und Behördenchinesisch, denen sich unsere Bürger hüben und drüben alltäglich gegenübersehen, ist hier abgehandelt worden. Dabei wurde versucht, nicht nur sprachliche Ungereimtheiten aufzuzeigen. Kritische Anmerkungen blieben nicht aus. Es wurde aber auch versucht, den Kontakt mit unseren Brüdern und Schwestern jenseits der Mauer zu knüpfen.
Wenn dieses nicht ganz ernst gemeinte »Wörterbuch« der fortschreitenden Entmündigung der sogenannten »mündigen Bürger«, auch nur ein wenig entgegenwirkt, wäre viel erreicht.
Daß manches überzogen oder übertrieben dargestellt worden ist, war »lüsterne« Absicht. Übrigens: Kein vernünftiger Mensch verlangt eine Eindeutschung von inzwischen allgemein verständlichen Fremdwörtern oder die Beseitigung von längst in die Umgangssprache eingegangenen und geläufigen Begriffen. Auch der Verfasser hat sich gelegentlich beim Gebrauch von Fremdwörtern ertappt, glaubt aber im Rahmen des »Zumutbaren« geblieben zu sein. Unverzichtbar bleibt: Der Normalbürger, die Frau im Haushalt, die hart arbeitenden Menschen vor Ort haben ein Recht darauf, zu erfahren, worum es geht. Das gilt vor allem für solche Gesetze, die jeder Normalbürger zu beachten hat, so z. B. die Gesetze auf dem Gebiet des Steuerrechts, der Sozialversicherung, des Verkehrsrechts, des Familienrechts, des Mietrechts und des Arbeitsrechts. In diesem Zusammenhang noch ein Wort zu dem im Entstehen begriffenen Sozialgesetzbuch, das sinnigerweise aus 10 Büchern bestehen soll, von denen inzwischen 3 verabschiedet worden sind. Dieses als Jahrhundertwerk hochgejubelte Gesetzesvorhaben, das mehr Transparenz für die Betroffenen versprach (der Mann auf der Straße sollte endlich erfahren, welche Rechte, Ansprüche und Pflichten ihm das soziale Netz beschert), ist, gemessen an den bereits fertiggestellten Teilen, an Kompliziertheit und Unverständlichkeit kaum zu überbieten. Ganze Heerscharen von Juristen sind dabei, Paragraphenungetüme zu deuten und den gesetzgeberischen Willen herauszufinden. Nicht auszudenken, wenn nach Vollendung des Werkes die sozialleistungsberechtigten Bürger (und das sind, nimmt man die Sozialhilfe dazu, alle) mit dem aus 10 Büchern bestehenden »Sozialgesetzbuch« unter dem Arm herumlaufen. Ein Glück, daß wir eine hochqualifizierte Sozialbürokratie haben.
Wenn der Verfasser eingangs zum Ausdruck gebracht hat, daß ihn die Menschen im

Revier, aber auch Gespräche mit Landsleuten in der DDR besonders beeindruckt und nachdenklich gestimmt haben, so ist das kein leeres Wort. Sie waren es, die ihn mit ihrer Unbefangenheit, ihrem Humor, ihrer offenen Kritik, ihrem angeborenen Mutterwitz und ihrer unverbildeten, mit Klugheit gepaarten Natürlichkeit ermutigt haben, dies zu Papier zu bringen.

Alfred Mohler

Wer lange denkt, wird endlich gut

Erfolgsbrevier für Manager

Wirtschaftsverlag Langen-Müller/Herbig

Henry J. Stalder

Je höher das Konto, desto ruhiger der Schlaf

Alles über das Geld

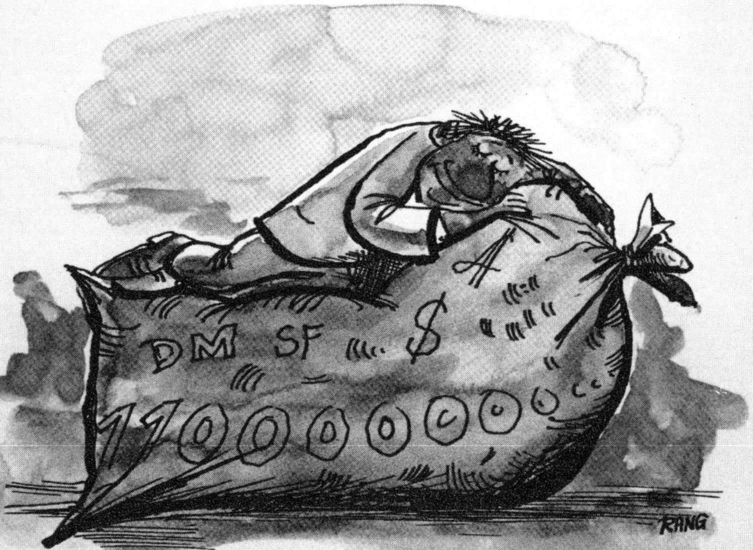

Wirtschaftsverlag Langen Müller/Herbig